Inteligência Espiritual

"*Por esta razão, nós também, desde o dia em que ouvimos, não cessamos de orar por vós, e de pedir que sejais cheios do pleno conhecimento da sua vontade, em toda a sabedoria e inteligência espiritual*" (Cl.1:9).

==================== §§§§§§§§§§ ====================

**SSM
EDIÇÕES
2020**

FONTES:

As citações Bíblicas foram extraídas da tradução de Almeida, Edição Revista e Corrigida. Da Bible Software The Word

SILMAR SILVA MOREIRA

Inteligência Espiritual

1º Edição
EDIÇÃO DO AUTOR
Ji-Paraná/RO
2020

Publicação Independente por
Silmar Silva Moreira

Revisão
Rosélia Soares Araújo

Capa
SSM Edições

Foto da Capa
Canva.com

Ficha Catalográfica elaborada pelo autor.

MO 835 Moreira, Silmar Silva, 1961 -

Livro: Inteligência Espiritual/Silmar Silva Moreira;
Imagens: Canva.com; Arte da capa SSM Edições; 1.ed.
Ji-Paraná/RO; Edição Independente, 2020.

188 P; 14 X 21cm

Inclui Bibliografia
ISBN: 978-65-00-13997-6

Índice para Catálogo Sistemático

1. A Inteligência do Criador.
2. O Mecanismo Inteligente da Criação.
3. A Teoria do Design Inteligente.

I Título.

CDD-210
CDU-2-184

Título:

INTELIGÊNCIA ESPIRITUAL

Copyright© - 2020 by Silmar Silva Moreira
Publicado originalmente pelo Autor.

Publicação Independente
Rua Castanheira, 2402 Nova Brasília Ji-Paraná/RO
CEP: 76908-658

Fones: (69) 98469-2453 e (69) 3424-2606

DEDICAÇÃO

Dedico essa obra, ao meu Pai Celestial, o meu Criador, para quem exercito a Inteligência Espiritual com o fim de obter a Divina Sabedoria e alcançar o pleno conhecimento da sua vontade.

Através desta obra me levanto em defesa da fé, na crença da existência do único Deus, soberano, absoluto, excelso, o Criador dos céus, da terra e tudo o que neles há.

A ele toda Honra, toda Glória, todo Louvor e toda Adoração.

SUMÁRIO

PREFÁCIO 11

1 A INTELIGÊNCIA DO CRIADOR 17

2 O MECANISMO INTELIGENTE DA CRIAÇÃO 29

3 A TEORIA DO DESIGN INTELIGENTE - TDI 43

4 O SISTEMA DE INTELIGÊNCIA DO CORPO 63

5 A TRÍPLICE INTELIGÊNCIA DA ALMA 79

6 INTELIGÊNCIA ARTIFICIAL (IA) 91

7 INTELIGÊNCIA ESPIRITUAL (QS) 105

POSFÁCIO 161

FRASES DO AUTOR 175

REFERÊNCIAS BIBLIOGRÁFICAS 183

É fato, a afirmativa de que onde há vida, há inteligência, não é possível dissociarmos uma coisa da outra, na língua grega, essa palavra é traduzida por: συνεσις **(sunesis)**, conhecimento, entendimento, a mente, na medida em que compreende; ela é a parte primária de uma habilidade, um dom do Espírito, e a sabedoria, que na língua grega é definida como σοφια **(sophia)** 1) sabedoria, inteligência ampla e completa; usado do conhecimento sobre diversos assuntos; 1a) a sabedoria que pertence aos homens; 1a1) conhecimento variado de coisas humanas e divinas, adquirido pela sutileza e experiência, e sumarizado em máximas e provérbios ; 1a2) a ciência e o conhecimento; 1a3) o ato de interpretar sonhos e de sempre dar os conselhos mais sábios; 1a4) habilidade na administração dos negócios; 1a5)seriedade e prudência adequada na relação com pessoas que não são discípulos de Cristo, habilidade e discrição em transmitir a verdade cristã; 1a)conhecimento e prática dos requisitos para vida devota e justa; 1b)inteligência suprema, assim como a que pertence a Deus; 1b1)a Cristo; 1b2)sabedoria de Deus que se evidencia no planejamento e execução dos seus planos na formação e governo do mundo e nas escrituras.

Quando intencionei escrever sobre esse assunto, o fiz com orações constantes, buscando de Deus, essa sabedoria, a qual além de me proporcionar o conhecimento e entendimento necessários, me inspira a escrever sobre o tema. O foco da minha compreensão está no fato de ter percebido que todos os escritores, autores, filósofos e psicólogos seculares, de quem li algumas obras, definem o termo: "Inteligência Espiritual" como fruto da espiritualidade, e não do que de fato é o "espiritual", com a pretensão de tornar excludente a verdade da existência de Deus.

Contrariando a teoria darwiniana, começo realçando a inteligência do Criador, sem a qual não teríamos um mundo tão complexo, perfeito, harmônico e belo, o qual dotou toda a criação de um mecanismo inteligente, através do qual, ela faz a sua manutenção, e prepara a conservação da vida e a preservação das espécies.

Refutando cientistas, filósofos e psicólogos, estudiosos, tem provado pela TDI, a Teoria do design Inteligente, que sem uma mão habilidosa e uma mente inteligente, essa criação jamais poderia existir e através dela, querem provar que, existe sim! um Designer Inteligente, Autor e Criador, que planejou com sabedoria toda essa obra magnífica.

O homem, a obra prima dessa criação, foi criado com um corpo, cujo funcionamento se opera através de um sistema inteligente, que até hoje a ciência não conseguiu esgotar os assuntos norteados pelos conhecimentos de suas funcionalidades ainda que ela mesma se desdobre em diversas especialidades para seus conhecimentos científicos. E não para aí, a alma que, é definida no grego como "psique", e reconhecida pela teologia como uma constituição tríplice, tem uma inteligência em cada uma de suas constituições; embora os psicólogos a apresentam somente com a inteligência racional e a inteligência emocional, apresento a "inteligência da vontade", que através de reações químicas, executa ações e se manifesta dando objetividade aos atos pretendidos. Esse mesmo ser, o homem, a obra prima da criação, através da sua inteligência, dá vida a chamada "Inteligência Artificial", uma criação da ciência computacional, que propõe a feitura de máquinas e de sistemas inteligentes, com linguagens artificiais, capazes de simular todos os sentidos dos humanos e executar a suas tarefas, sem erros e com a mais plena perfeição. Ela está presente em quase todos os segmentos, auxiliando o homem em tarefas, complexas, em trabalhos com níveis de dificuldades e perigos e até em objetos e aparelhos que propõe comodidades e prazeres aos seres humanos.

Por fim, a Inteligência Espiritual (QS), essa que é adquirida pelo homem espiritual, o "Pneumatikos", aquele que passou pela "Metanóia", que tem a sua conexão ativada com o Designer Inteligente, o Criador. Essa inteligência nos leva aos patamares da verdadeira sabedoria, aquela que nos faz pensar com a Mente de Cristo que, nos dá o pleno conhecimento da vontade de Deus. Por isso, não estão corretos aqueles que pretendem associar essa inteligência com os feitos da alma, porque na alma, no máximo se executa os atos da vontade, dos sentimentos pelas emoções e da razão pelo intelecto, dando fisionomia a um tipo de inteligência e sabedoria humana, não aquela que é divina. As pretensões de filósofos e psicólogos, vão até os limites dessa inteligência humana, travestida de Inteligência Espiritual (QS) pela imagem tosca da espiritualidade praticada pelos conhecimentos dos oráculos das seitas orientais.

Acertadamente o apóstolo Paulo relaciona esse modelo de inteligência com a busca do conhecimento da vontade de Deus, portanto, se torna desafiador, para qualquer um que queira buscar esse nível de inteligência, o alcance da sabedoria divina para o cumprimento da vontade de Deus, o Criador, o Designer Inteligente.

Silmar Silva Moreira

Opondo-se a versão cristã da criação do mundo, o darwinismo remonta quase dois séculos de existência. Publicada em 1859 pelo cientista britânico Charles Darwin, a obra "Sobre a origem das espécies através da seleção natural" introduziu pela primeira vez a ideia da evolução por meio da seleção natural, contrariando a verdade cristã da criação do mundo. Essa teoria evolucionista de Darwin pode ser descrita da seguinte forma: as espécies de seres vivos se transformam ao longo dos tempos, pois passam pela seleção natural, que prioriza os seres mais adaptados ao ambiente em que vivem devido a suas características serem adequadas a esse mesmo ambiente.

Segundo Charles Darwin, naturalista que mudou o

entendimento de como as espécies modificam-se ao longo do tempo, há uma luta constante pela sobrevivência, e a seleção natural atua nesse processo. Com base nessa teoria, foi disseminado um entendimento comum a todos, por ter sido comentado largamente ao longo dos anos nas escolas, que o homem evoluiu do macaco. Essa teoria não só é absurda, como desmerece a Inteligência Divina. É como se Deus não fosse capaz de criar uma diversidade de seres e precisasse que alguns desses seres criados incialmente tivessem que transmutar para dar origem a outras espécies. É uma teoria que ataca diretamente a

> **"E fez Deus as bestas-feras da terra conforme a sua espécie, e o gado conforme a sua espécie, e todo o réptil da terra conforme a sua espécie. E viu Deus que era bom"**
> *(Gn.1:25).*

inteligência do Criador e desmerece a sua sabedoria. Deus não só se revela como um ser supremo, mas também com uma inteligência que sobrepõe a qualquer um que supostamente se apresente mais sábio e mais inteligente que Ele. Quando falamos da criação, basta atentarmos para as palavras do profeta Jeremias, quando diz que o mundo foi estabelecido por Deus pela sua sabedoria e toda a criação dos céus, se fez com a sua inteligência. Portanto, cai por terra a teoria darwinista, esse mero mortal presunçoso, que em momentos de elevada pseudo sabedoria, se achou no direito de atacar o Criador, com a sua absurda teoria.

Seja Darwin, ou outro qualquer que ousar afirmar qualquer tese contrária a idéia da criação, não encontrará para sempre guarida nas mentes humanas, pois essa é uma verdade incontestável. Todas as espécies que há foram criadas por Deus e nenhuma delas sofreu qualquer mutação para dar origem a outra diferente. A Bíblia é bem categórica quando nos dá os relatos da criação das espécies, embora não temos esses relatos em detalhes, mas o que temos, é o suficiente para podermos entender que um ser superior, criou todas elas com sabedoria e inteligência. O seu nome é: Deus, que na melhor versão do hebraico se chama אלהים **'elohiym.*** Esse é o seu nome na forma plural, pois na criação estavam envolvidos no projeto criacional: o Pai, o Filho e o Espírito Santo.

---

*. *'elohiym* - אלהים, (Deus, em português), o primeiro dos nomes da divindade, é um substantivo plural na forma, mas singular no significado quando se refere ao Deus verdadeiro. Em Gn.1:26, a ênfase foi colocada sobre a pluralidade na Divindade. A Forma plural sugere o que hoje conhecemos como a Santíssima Trindade.

O Darwinismo é insistente em explicar a evolução das espécies. Para Darwin, todas elas são originadas de um ancestral comum e ao longo do tempo vão sofrendo alterações com o objetivo de melhor se adaptar ao meio ambiente. Afirma ainda que todas essas alterações são lentas e graduais, podendo não ser perceptíveis apenas entre duas gerações sucessíveis. No entanto, ao longo do tempo as mudanças aparecem e fundamentam as novas espécies que surgiram.

> **Ele fez a terra pelo seu poder; ele estabeleceu o mundo por sua sabedoria e com a sua inteligência estendeu os céus"**
> *(Jr.10:12).*

Diferente do que afirma o darwinismo, a Bíblia nos apresenta a criação sendo executada por um ser superior e inteligente, Deus (Javé), e toda ela sendo feita de modo especial e peculiar a cada ser criado; desde as plantas, os animais, as aves, os peixes, todos os astros celestiais, e por fim o homem. Enquanto a máxima do evolucionismo está na teoria da mutação das espécies e o surgimento de uma nova e diferente espécie, o criacionismo se explica na criação inteligente de cada espécie em sua origem e a partir dela, outras espécies poderão surgir, como fruto de uma procriação que dá origem a mesma espécie e promove a sua preservação para toda a vida e nunca uma mutação dando origem a outra diferente a partir daquela ancestral.

A afirmação desta ideia está na expressão "conforme a sua espécie" repetida todas as vezes que a Bíblia menciona uma espécie criada. Veja a definição hebraica da palavra "espécie":

ESPÉCIE-מין-*miyn*

1) gênero, algumas vezes uma espécie (geralmente de animais) Grupos de organismos vivos pertencentes à mesma "espécie" criada se descendem do mesmo grupo de genes. Isso não impede a formação de novas espécies porque representa uma divisão do grupo de genes original e a informação é perdida ou conservada mas não adicionada. Uma nova espécie pode surgir quando uma população se acha isolada, ocorrendo, então, a procriação por consanguinidade. Segundo esta definição, uma nova espécie não é uma nova "espécie" mas uma divisão posterior de uma "espécie" já existente.

Sabiamente, o Criador ao criar as espécies, fez em cada categoria um macho e uma fêmea, dando respaldo a ideia da procriação e não da mutação como define o darwinismo. Portanto não é inteligente admitir, que uma criação tão diversa, cheia de tanta nuance com suas riquezas de detalhes, possa ser fruto de uma mutação e não de uma multiplicação proporcionada pela procriação. Para aqueles que leem as escrituras, é fácil a constatação de que Deus, o Criador, depois de criar todas as espécies de animais, lhes deu três ordens, que fazem parte da ordem natural para todos os seres vivos: Frutificar, multiplicar e povoar o seu habitat. Dessa ordem, emanou a partir da criação a regra natural para o povoamento de todos

> **"E Deus os abençoou, dizendo: Frutificai, e multiplicai-vos, e enchei as águas nos mares; e as aves se multipliquem na terra"**
> *(Gn.1:22).*

os ambientes naturais para cada espécime criada. Portanto, a constatação da existência dessa ordem natural, nos dá a certeza de que somente uma mente inteligente poderia dar vida a uma diversidade biológica como essa, e não uma ordem mutante capaz de transformar uma espécie em outra bem diferente, como assevera Darwin em sua teoria.

Embora não tenhamos uma riqueza de detalhes na criação porque indubitavelmente não haveria quantidade suficiente de livros para descrevê-la, considero que o que temos, é suficiente para entendermos quão minucioso e específico foi o nosso Deus, o Criador em tudo aquilo que criou. Não há como considerar que uma obra tão tremenda e grandiosa como essa tenha sido efetuada por algo ou alguém desprovido de inteligência.

Considerei importante apresentar nesse contexto o capítulo um de Gênesis e seus versículos do primeiro ao vigésimo oitavo, para que o leitor aprecie alguns detalhes dessa magnífica obra do Criador:

> 1 "No princípio, criou Deus os céus e a terra. 2 E a terra era sem forma e vazia; e havia trevas sobre a face do abismo; e o Espírito de Deus se movia sobre a face das águas. 3 E disse Deus: Haja luz. E houve luz. 4 E viu Deus que era boa a luz; e fez Deus separação entre a luz e as trevas. 5 E Deus chamou à luz Dia; e às trevas chamou Noite. E foi tarde e manhã: o dia primeiro. 6 E disse Deus: Haja uma expansão no meio das águas, e haja separação entre águas e águas. 7 E fez Deus a expansão e fez separação entre as águas que estavam debaixo da expansão e as águas que estavam sobre a expansão. E assim foi. 8 E chamou Deus à expansão Céus; e foi a tarde e amanhã: o dia segundo. 9 E disse Deus: Ajuntem-se as águas debaixo dos céus num lugar; e apareça a porção seca. E assim foi. 10 E chamou Deus à porção seca Terra; e ao ajuntamento das águas chamou Mares. E viu

Deus que era bom. 11 E disse Deus: Produza a terra erva verde, erva que dê semente, árvore frutífera que dê fruto segundo a sua espécie, cuja semente esteja nela sobre a terra. E assim foi. 12 E a terra produziu erva, erva dando semente conforme a sua espécie e árvore frutífera, cuja semente está nela conforme a sua espécie. E viu Deus que era bom. 13 E foi a tarde e a manhã: o dia terceiro. 14 E disse Deus: Haja luminares na expansão dos céus, para haver separação entre o dia e a noite; e sejam eles para sinais e para tempos determinados e para dias e anos. 15 E sejam para luminares na expansão dos céus, para alumiar a terra. E

> *"Façamos o homem à nossa imagem, conforme a nossa semelhança"*
> *(Gn.1:26).*

assim foi. 16 E fez Deus os dois grandes luminares: o luminar maior para governar o dia, e o luminar menor para governar a noite; e fez as estrelas. 17 E Deus os pôs na expansão dos céus para alumiar a terra, 18 e para governar o dia e a noite, e para fazer separação entre a luz e as trevas. E viu Deus que era bom. 19 E foi a tarde e a manhã: o dia quarto. 20 E disse Deus: Produzam as águas abundantemente répteis de alma vivente; e voem as aves sobre a face da expansão dos céus. 21 E Deus criou as grandes baleias, e todo réptil de alma vivente que as águas abundantemente produziram conforme as suas espécies, e toda ave de asas conforme a sua espécie. E viu Deus que era bom. 22 E Deus os abençoou, dizendo: Frutificai, e multiplicai-vos, e enchei as águas nos mares; e as aves se multipliquem na terra. 23 E foi a tarde e a manhã: o dia quinto. 24 E disse Deus: Produza a terra alma vivente conforme a sua espécie; gado, e répteis, e bestas-feras da terra conforme a sua espécie. E assim foi. 25 E fez Deus as bestas-feras da terra conforme a sua espécie, e o gado conforme a sua espécie, e todo o réptil da terra conforme a sua espécie. E viu Deus que era bom. 26 E disse Deus: Façamos o homem à nossa imagem, conforme a nossa semelhança; e domine sobre os peixes do mar, e sobre as aves dos céus, e sobre o gado, e sobre toda a terra, e sobre todo réptil que se move sobre a terra. 27 E criou Deus o homem à sua imagem; à imagem de Deus o criou; macho e fêmea os criou. 28 E Deus os abençoou e Deus lhes disse: Frutificai, e multiplicai-vos, e enchei a terra, e sujeitai-a; e dominai sobre os peixes do mar, e sobre as aves dos céus, e sobre todo o animal que se move sobre a terra" (Gn.1:1-28).

Até o versículo 25, temos os relatos da criação, feita pelo Criador, com toda a inteligência e sabedoria. Mas, até esse momento a obra prima da sua criação não havia ainda sido criada.

Somente a partir do versículo 26 é que temos os seus relatos. A criação do homem foi para Deus, tão especial, que até a expressão precedente muda; antes, lemos o Criador dizendo: "Haja" e tudo se criava naquele momento. Mas, veja que na criação do homem a expressão é: "Façamos"; O Criador, **"elohiym"**, na pessoa do Pai, do Filho e do Espírito Santo, decidem juntos sobre a criação do homem, e o cria a sua imagem em conformidade com a sua semelhança. Diferente dos animais criados anteriormente, ao homem foi dado inteligência e capacidade de raciocínio. O Criador o fez com uma alma constituída de: Vontade, Emoções e Intelecto. Essa obra prima da criação de Deus, chamada "Adão" ou "Homem", foi feita pelas

> **"Eu fiz a terra e criei nela o homem; eu o fiz; as minhas mãos estenderam os céus e a todos os seus exércitos dei as minhas ordens"**
> *(Is.45:12).*

mãos do Criador, nada semelhante ao que havia criado anteriormente. Sabemos que toda a criação é rica em detalhes, cada um mais minucioso do que o outro e em cada ponto desses detalhes, existe a sua peculiaridade. Então, é de se admitir que somente uma mente inteligente pudesse alcançar tal feito. É muito importante essa consideração, dada à necessidade de provarmos que toda a criação, desde as plantas, os animais, as aves, todo o universo, harmonicamente se movimentam e se expressam por uma inteligência a qual é peculiar de cada um. Nisso o Criador, foi preciso, incluindo as leis naturais, que quando quebradas, trazem graves consequências ao seu infrator.

O livro do profeta Isaías, está recheado de expressões e referências que apresentam Deus (Javé), como o Criador, ou o Designer Inteligente, como queiram chamar. *"Assim diz Deus, o Senhor, que criou os céus, e os estendeu, e formou a terra e a tudo quanto produz, que dá a respiração ao povo que nela está e o espírito, aos que andam nela" (Is.42:5).* Veja aqui, a menção, de "Deus o Senhor" ou "O Deus Javé", como Criador dos céus, da terra, de tudo o que ela produz. A mesma ideia, está dita nas páginas seguintes do mesmo livro, quando diz: *"Porque assim diz o Senhor que tem criado os céus, o Deus que formou a terra e a fez; ele a estabeleceu, não a criou vazia, mas a formou para que fosse habitada: Eu sou o Senhor, e não há outro" (Is.45:18).*

Essa inteligência que foi legada para toda a criação está inclusive na constituição da alma humana em sua tríplice divisão e em todo o mecanismo de funcionamento do corpo.

O Mecanismo Inteligente da Criação

É de suma importância entender que, ao dá vida a criação, Deus, o Criador, estabeleceu em cada ser criado, uma inteligência, para que cada um deles como parte do todo, convivesse harmonicamente dentro de um processo de disciplinas, ordenado por Ele através de leis naturais.

Quando olhamos para a natureza, percebemos que há uma ação inteligente, que dá ordem a todos os eventos sem que nenhum deles ultrapasse os limites e determinações colocados pelo seu Criador. Quando Deus, o Senhor, questiona Jó ele pergunta: *"Por acaso, algum dia, uma única vez, você deu ordem ao sol para aparecer e indicou o lugar onde ele deveria surgir? Você já deu ordens à luz do dia para brilhar por toda a terra e acabar com os crimes cometidos à noite? Você já vestiu a terra de beleza com a luz do dia, acabando, ao mesmo tempo, com os planos dos perversos e a violência dos maus?"* (Jó.8:12-18). Aqui vemos Deus mostrando a Jó, que todas essas coisas foram criadas por Ele, e que em cada uma delas há uma inteligência que promove o seu funcionamento por leis estabelecidas por Ele. O Senhor prossegue: *"De onde surge a luz, de onde ela vem? E onde é que se escondem as trevas? Você é capaz de dizer*

> **"E fez Deus os dois grandes luminares: o luminar maior para governar o dia, e o luminar menor para governar a noite; e fez as estrelas"**
> *(Gn.1:16-18).*

onde elas ficam guardadas ou como fazer para chegar lá? (Jo.38:19-20). Indubitavelmente, para Jó era incompreensível tal raciocínio, pois esse mecanismo inteligente, é algo emanado da inteligência do Criador, que muitas vezes não podemos compreender de modo empírico pelo raciocínio humano, muitos desses fenômenos naturais, foram possíveis ser compreendido, pela ciência, quando o homem decidiu estudar cada um deles. O Senhor finaliza o seu argumento com Jó. *"Diga-me onde fica o caminho pelo qual a luz chega ao mundo? Diga-me por onde o vento leste vem e se espalha por toda a terra? (Jó.38:24).*

Quando se faz manhã, abre-se o expediente do dia e o sol está lá com a sua luz alcançando todos os limiares onde deverá estar. Ao findar o dia, abre-se espaço para a noite e o sol desaparece, não se sente mais o seu calor nem se vê mais a sua luz e a lua se faz protagonista no cenário noturno.

O salmista Davi, de forma poética, nos dá uma bela demonstração desse mecanismo inteligente colocado por Deus, quando diz no salmo (19:1-6) que, *os céus proclamam a glória de Deus e o firmamento anuncia as obras das suas mãos.* Diz de forma lírica que, *Um dia faz declaração a outro dia, e uma noite revela conhecimento a outra noite não havendo fala, nem palavras; não lhes ouvimos a voz e essa mensagem de louvor se houve em todas as partes da terra o sol mora nos céus, onde Deus traçou um caminho para ele. Dia após dia o sol percorre esse caminho, brilhante e belo como um noivo indo para seu casamento; forte e alegre como um atleta participando de uma corrida! Atravessa os céus de lado a lado e nada na terra escapa ao seu calor.*

Sabemos que o livro de Jó está repleto de informações sobre a ação e sabedoria de Deus sobre sua criação e também do mecanismo inteligente de atuação da natureza. Perceba que, nessa interação há uma inteligência na própria ação da criatura. Quando olhamos para o mar e vemos as suas ondas se quebrando com fúria se dirigindo em direção ao limiar da praia, logo percebemos a sua força se esvaindo e suas águas se espalhando sobre a areia da praia. Esse evento não é por acaso, não há nessa façanha, nenhuma força ou poder sobrenatural, mas apenas uma inteligência determinada por lei pelo Criador, quando lá no início, no ato da criação, determinou os seus limites e disse que as suas águas não passariam dali. Na sua argumentação com Jó, Deus o lembra desses fatos mostrando que nesse evento, há uma ação criativa que acontece pela ordenança das suas leis, e lhe pergunta: *"Onde você estava quando Eu tracei limites ao mar, de onde as ondas não podem passar, e disse: Até aqui você pode vir, mas daqui para frente as suas ondas altas e orgulhosas não podem passar!? (Jó.38:10-11).* A chuva tem a sua trajetória, aparece na estação própria, cai sobre a terra, das reservas de água que o Criador colocou nas nuvens, ela cai sobre a terra árida na época própria, para dar vida ao campo, é absorvida pela terra e o que dali excede retorna para o alto em forma

> **"Sabes tu as ordenanças dos céus, ou podes estabelecer o seu domínio sobre a terra?"**
> *(Jó.38:33).*

de vapor, para seus depósitos nas nuvens. Toda essa inteligência foi dada pelo Criador, que estipulou leis para ela, que pode cair com abundância ou escassez, dependendo da sua vontade. Não é diferente com os relâmpagos e trovões. Em Jó 28:26 temos a expressão dessa verdade a qual diz: *"Quando fez leis para controlar a chuva e traçou o caminho dos relâmpagos" (Jó.28:26).*

A argumentação de Deus, na sua abordagem com Jó, nos dá certa riqueza de detalhes que não vemos no Gênesis. Veja que informações preciosas ela nos dá. *"Foi você quem abriu os canais para a água das grandes chuvas e os caminhos para os relâmpagos que vêm com as tempestades que caem sobre o deserto seco e vazio, transformando terra inútil em terra boa e produtiva, onde as plantas voltam a crescer? Por acaso a chuva tem pai? Quem produz o orvalho da noite?" (Jó.38:25-28).*

As argumentações de Deus a Jó são ricas em detalhes e nos mostra a inteligência que há na criação, a qual fora determinada por Ele quando estabeleceu suas leis. Em Jó.38:33-38, o Criador faz o seu questionamento à Jó dizendo: *"Você conhece as leis que governam o universo? Sabe até onde essas leis influenciam a terra? Você é capaz de dar Deus em suas narrativas ordens às nuvens, para que elas deixem cair a chuva? Você é capaz de fazer os relâmpagos riscarem o céu com uma simples ordem? Quem pôs sabedoria nas nuvens para que apareçam na hora certa? Quem deu inteligência às estrelas cadentes para que conheçam o caminho a seguir, e soubessem onde cair? Quem conhece exatamente o número das nuvens? Quem pode despejar a chuva guardada nos depósitos do céu, transformando poeira em lama e pó em barro?"* Não há como não admitir que tenha aqui uma ação inteligente da própria criação e todos esses procedimentos foram estabelecidos por leis, que a própria criatura não pode quebrá-las

> **"Cobre as mãos com o relâmpago e dá-lhe ordem para que fira o alvo. O trovão anuncia a sua chegada e até o gado pressente a sua aproximação"**
> *(Jó.36:32-33).*

sem a anuência do seu Criador. Quando o Senhor quis sustentar a sua promessa à Israel, no tocante a sua preservação como nação, usou uma analogia citando essas leis quando disse: *"O Senhor, que nos dá o sol para iluminar o dia, que marcou o tempo certo para a lua e as estrelas aparecerem no céu à noite; o Senhor, que agita o mar e levanta com grande barulho as ondas, o Senhor do Universo, diz o seguinte: Se algum dia falharem as leis que Eu fixei para o Universo, nesse dia Eu rejeitarei o meu povo Israel!" (Jr.31:35-36).* Nós Sabemos que essas leis estabelecidas por Deus, em sua sabedoria, nada mais é que um mecanismo inteligente, que dá toda a sustentação a criação e determina o seu funcionamento. Ficamos maravilhados, quando vemos esse funcionamento tão espontâneo, pragmático e eficaz, operando sobre toda a criação harmonicamente, sem que nenhum deles quebre a cadeia proposta, a não ser quando o ser humano em alguns casos resolve colocar a sua intervenção, tomando por consequência as catástrofes como resultado de sua interferência. São casos como esses, que vemos acontecer: inundações, terremotos, secas, tsunamis, maremotos, desmoronamentos etc. Não acontece assim, quando o homem deixa a natureza seguir o seu curso normal, obedecendo a risca e com inteligência as leis estabelecidas pelo Criador.

Certo dia, em minha chácara, estava meditando sobre a Palavra de Deus, no momento em que o tempo havia se preparado para uma chuva forte, precedida de relâmpagos e trovões. Olhava para o céu e via as nuvens se movimentando, exatamente como as Escrituras dizem, elas se juntavam uma a uma e iam ficando densas e escuras cada vez mais. De repente, olhei para o pasto e vi que o gado que estava na fundiária da chácara, voltava para se proteger debaixo das árvores que ficavam em um pequeno bosque na frente da propriedade. Então, me lembrei do que diz a Palavra de Deus a respeito, da tempestade, quando diz que Deus enche as mãos de raios e atira-os no alvo certo, diz que os trovões anunciam a sua chegada e até o gado pressente a sua aproximação. É ou não é, um comportamento inteligente da criação? Quem instrui o gado a perceber que havendo um tempo nebuloso com raios e trovões, viria sucessivamente uma tempestade e que ele deveria se proteger? Não tem como negligenciar tal entendimento, estamos falando de criaturas irracionais, que não raciocinam como os humanos, mas há uma inteligência no mecanismo do funcionamento da criação, determinado pelo seu Criador.

> **"E disse Deus: Produza a terra erva verde, erva que dê semente, árvore frutífera que dê fruto segundo a sua espécie, cuja semente esteja nela sobre a terra. E assim foi"**
>
> *(Gn.1:11).*

O que dizer das plantas, como elas se preservam, em um mecanismo inteligente, através de um ciclo, o qual é determinado pelas estações? No outono, trocam a sua roupagem, auto suprimindo as suas folhas, para depois, com o advento do inverno sejam-lhe dada novas folhas e, portanto, uma nova roupagem. Quando vêm as chuvas, são irrigadas e a sua beleza se torna esplendorosa. Vindo a primavera, essa beleza se realça pela exuberância das suas flores e tempos depois vai dando lugar ao seu fruto. Algumas delas têm a sua posteridade garantida pela semeadura dos pássaros, outras pelas ondas do vento que tão delicadamente as semeiam para que daquela pequena semente nasça o seu sucessor. Caro leitor, perceba como é lindo, magnífico, esplêndido esse mecanismo inteligente! Jamais poderíamos deixar de admitir, que um Criador inteligente tenha arquitetado tudo isso. Seria insano pensar diferente.

Aproveito para contar sobre outra meditação que fiz certo dia sobre a criação. Estava em meu trabalho quando um colega, amante da natureza, que gosta de estar sempre fotografando pássaros, árvores, flores, etc. me presenteou com uma semente de ipê amarelo. Disse que havia parado para contemplar uma bela demonstração da natureza, quando viu que o vento tocou a copa do ipê, rebuliçando as suas folhas fazendo-as dispensarem para todo o ambiente em volta de si, as suas sementes. Ele olhava e via que as sementes se distanciavam cada vez mais ao longo do terreno, levadas pelo vento que como uma onda as movimentava para serem jogadas ao solo. Até aqui, parece óbvio, mas depois veio a observação desse colega que inclusive é um cético com relação aos fatos relacionados a Deus. Ele disse: veja que curioso essa semente tem duas abas finas de um material resistente, parecidas com duas hélices. Percebi que elas funcionam exatamente como hélices, para facilitar sobre si a ação do vento, a fim de garantir que de fato elas sejam semeadas por todo o ambiente e até para mais longe dele. Que pena que esse colega não crê no Criador, perdeu a oportunidade de se deliciar como eu, daquela verdade tão óbvia de que o Criador a fez exatamente assim para aquela finalidade e que a ação inteligente do mecanismo, através do vento o fez o mais eficiente e eficaz semeador naquele processo.

> **"Onde estavas tu, quando eu lançava os fundamentos da terra? Faze-mo saber, se tens entendimento.**
> *(Jó.38:4-6).*

Podemos contemplar toda a criação, tanto com uma macro visão como por uma micro visão e até por uma visão microscópica, e vamos perceber que de fato ela não foi obra do acaso, não nasceu pela provocação de um caos inicial, mas toda a sua estrutura, sua construção, sua elaboração é o resultado do trabalho da mente de um

Criador Inteligente. Há uma harmonia em todos os seus eventos, desde que nasce o dia e dá espaço para a manifestação da vida no planeta, até a noite que surge, e determina que algumas criaturas descansem e outras façam o seu labor. Essa mesma harmonia, determina, organiza o tempo de cada estação e não permite que nenhuma delas tome o espaço da outra. O Criador ordenou que elas surgissem a cada ano, pela inclinação da terra em relação ao sol, esse movimento que recebeu o nome de translação é exatamente o movimento de rotação da terra em volta do sol, o qual acontece anualmente e por consequência produz a mudança das estações. Se a Terra em movimento não se inclinasse em seu eixo, não existiriam as estações. Percebe que há uma ação criativa aqui! Uma inteligência. O que poderíamos dizer do ciclo que acontece com toda a vegetação no planeta, a troca gasosa que acontece através de um processo chamado respiração entre o meio e o organismo? Observa-se aqui, mais uma atuação do mecanismo inteligente da criação, que através dessa troca garante o fornecimento de oxigênio para as células realizarem seus processos metabólicos e a retirada de gás carbônico do organismo. Esse mesmo mecanismo é o que define diferentes tipos de respiração dos animais, a saber: celular, pulmonar, branquial, cutânea e traqueal, sendo a respiração pulmonar a mais conhecida.

Observando pela macro visão, a micro e até uma visão microscópica, vamos ver que cada espécie criada, está inserida dentro desse mecanismo inteligente, cada um com seu potencial e sua peculiaridade. Podemos tomar como exemplos, os elefantes que estão entre os animais irracionais mais habilidosos e complexos, tanto do ponto de vista emocional como social. Espécies que possuem os maiores cérebros têm um melhor desenvolvimento do córtex cerebral e uma melhor capacidade de aprendizagem, e habilidade para armazenar informações por mais tempo. Estudos científicos sobre a complexidade e as habilidades cognitivas desses animais concluíram que eles possuem uma memória notável, acumulando conhecimentos sociais e ecológicos, como lembranças de vozes de outros indivíduos, rotas migratórias, lugares especiais, aromas e habilidades aprendidas. Algumas histórias contadas por pessoas que tiveram experiências com elefantes relataram que o animal se

> *"As formigas são um povo sem força, todavia no verão preparam a sua comida"*
>
> *(Pv.30:25).*

lembrou delas com quem tinham tido uma relação social; embora tenham passado muitos anos, foram capazes de associar a suas imagens às lembranças armazenadas em seu cérebro, sem perdas de um detalhe sequer.

Na micro visão, podemos observar as formigas, que sendo animais minúsculos, percebendo a chegada do inverno preparam o seu alimento no verão, armazenando-o para seu suprimento, e em visão microscópica, observamos um vírus que não possui células, é constituído por ácido nucléico que pode ser o DNA ou o RNA, envolvido por um invólucro proteico denominado capsídeo de porte pequeno (microscópico) consegue invadir células, inclusive a de organismos unicelulares, como as bactérias, parasitando células de outros organismos e consegue reproduzir-se causando nos seres parasitados doenças denominadas viroses, que podem ser letais ao ponto de matar um ser humano ou um animal grande como um elefante.

Esses eventos são produzidos ou provocados pelas atuações racionais desses seres? Não! Eles são irracionais, não foram dotados de razão, mas de instintos e habilidades, que lhes facultam algum aprendizado.

Essas atuações são fruto das ações do mecanismo inteligente, que foi colocado na criação, pelo Criador.

Desde o momento da queda no Éden, a impiedade tomou conta do coração do homem e com o passar do tempo, homens ímpios sempre se esforçaram para apagar as marcas do Criador. Embora tendo sido feitos a sua imagem, conforme a sua semelhança, eles procuram todo o tempo forjar resultados, simular experimentos, esconder fatos, para provar que não existe a possiblidade de haver um Designer Inteligente, que tenha planejado e arquitetado a criação.

O Criador, no princípio, ao estabelecer a sua relação com o homem, ofereceu a sua paternidade com o desejo de ter uma grande família de muitos filhos parecidos consigo, mas esse propósito foi interrompido quando o homem escolheu o conhecimento do bem e do mal em detrimento da vida. Esse ato o afastou do Criador, perdendo a sua imagem e semelhança. Desde então, o homem passou a gerar filhos conforme a sua própria imagem. Com o passar do tempo, conhecer o mal, tornou-se o principal legado da raça humana e todo o seu esforço passou a ser pela busca do conhecimento. O Criador, não desistindo do seu propósito, sabendo que o caminho para o relacionamento com o homem havia sido interrompido, estabeleceu que a fé fosse o elo que pudesse ligá-lo a si. Então, escolhe uma nação para ser a guardiã dessa fé, a fim de que todas as outras nações pudessem conhecê-lo. Mas, entre as outras nações, já haviam aqueles que buscavam o conhecimento através da filosofia, da astrologia, astronomia e da ciência.

Através de ensinamentos passados de pais para filhos, os hebreus mantiveram a crença na existência de um Criador, como o autor da criação, dando lhe nome e personalidade. Deus na nossa língua, no português e אלהם *'elohiym* na língua hebraica. Portanto, o legado da história para o mundo aponta o Deus dos hebreus, como o Criador, o Designer, o Arquiteto, que planejou e criou todas as coisas. Paralelo ao mundo hebreu haviam os pensamentos de Roma e da Grécia, e foram essas nações, que contrapondo aos ensinamentos dos hebreus, apresentaram uma fé politeísta, refutando a ideia de um único Deus Criador, apresentando ao mundo muitos deuses, com múltiplas participações na arte da criação. Roma se preocupou em estender o seu domínio, pela força militar, mas, foi através da Grécia que, o mundo conheceu os mais renomados filósofos. Embora a filosofia tenha nascido com os egípcios mais de dois mil anos antes do período cristão, foram os filósofos gregos que, principalmente através da escrita, sistematizaram a arte de pensar sobre a existência humana, a ética, a moral e o conhecimento.

Os filósofos gregos apresentaram ao mundo as suas mais variadas nuances de pensamentos e de forma peculiar, a suas filosofias. Entre eles estão: Tales de Mileto, Anaximandro, Pitágoras, Heráclito, Parmênides, Demócrito, Sócrates, Platão, Aristóteles, Epícuro, Zenão de Cítio e Pirro de Élida.

Não pretendo esgotar o assunto, e com minúcias discorrer sobre a filosofia de cada um deles, pois é um conteúdo que abrange um vasto universo, mas quero apresentar algumas frases, e alguns conhecimentos importantes das suas filosofias.

<u>Tales de Mileto</u> - Acreditava no <u>monismo</u>, teoria que tudo no universo poderia ser reduzido e era originado de uma matéria principal, no caso, a água. Pensava que

diversos deuses estavam nas coisas do mundo, dessa forma a natureza passa também a ser considerada como algo divino. O espírito do mundo é Deus e as coisas têm alma que penetra nelas através da umidade. Para ele todas as coisas estão cheias de deuses. Essa vertente filosófica, assim como outras que em tudo vê deuses, traz em seu cerne uma crença com base no <u>panteísmo.</u>

<u>Anaximandro</u> - Esse filósofo não acreditava em nenhum deus, para ele todos os ciclos de criação, evolução e destruição eram fenômenos naturais, que ocorriam a partir do ponto em que a matéria abandonava e se separava

> **"A esperança é o único bem comum a todos os homens; aqueles que nada mais têm - ainda a possuem."**
> *Tales de Mileto.*

do A-peiron. Acreditava que o nosso mundo era apenas um entre vários outros, que se desenvolviam, evoluíam e destruíam, em um processo infinito e inevitável. Anaximandro defendia que tudo tinha início no A-peíron, algo que não tem fim, nem começo, e dá origem de todas as coisas. Nele estava contida toda a natureza. Acreditava que, havia uma ação do sol sobre a água, dando vida a seres que evoluíam para várias coisas que conhecemos hoje. Seu pensamento é o que mais aproxima do darwinismo. Isso também é <u>ateísmo.</u>

<u>Pitágoras</u> - Criador do teorema, conhecido como teorema de Pitágoras, via nas proporções geométricas, explicações para tudo na natureza. Defendia que o mundo era governado pelas mesmas estruturas matemáticas que governam os números pois eles simbolizavam a harmonia. Essa harmonia ou ordem ele percebeu analisando os astros e a natureza. Para ele o cosmos é organizado através de uma ordem matemática e a prova disso são os movimentos perfeitos de todos os elementos na natureza e no cosmo. Pitágoras acreditava na reencarnação da alma ou a transmigração de corpos. Seu pensamento era baseado numa purificação da alma por meio da vida corpórea, pois essa era a finalidade da vida material, até que a alma atingisse um estado de purificação total e alcançasse a vida eterna. Para ele o ser humano tinha ciclos, reencarnando esporadicamente para viver tudo de novo. Ideia mais tarde dogmatizada pelo <u>espiritismo.</u>

<u>Heráclito</u> - Foi um autodidata aprendendo sozinho sobre as questões de ciência, teologia e relações humanas. O movimento era para ele o principal fundamento da natureza, a verdade então seria dialética, sempre com dois opostos se relacionando. O fogo é o elemento fundador da natureza para o filósofo,

considerando que o tempo todo se agita, se transforma e origina toda a natureza. Ficou conhecido por afirmar que tudo estava em constante estado de transformação. Suas ideias eram a gênese do que conhecemos hoje por metafísica. Heráclito defendia que Deus não tinha a aparência de um homem nem de outro animal qualquer, não era nem Criador, nem onipotente, sua tese de identificação da divindade era com os opostos, os quais persistem

> **"Dura é a luta contra o desejo, que compra o que quer à custa da alma".**
> *Heráclito.*

apesar de suas mudanças e assim são capazes de compreender sua própria unidade. Exemplos: Deus é dia-noite, inverno-verão, guerra-paz, saciedade-fome; mas se alterna como o fogo, quando se mistura a incensos, e se denomina segundo o gosto de cada um." Nesse argumento, podemos ver que Heráclito considerava as diversas divindades da mitologia grega que eram cultuadas e adoradas pelos homens de seu tempo, o que podemos afirmar ser o politeísmo.

Parmênides - Ele concluiu que o mundo era uma ilusão, baseado em suas ideias do que era o ser. Não há nada além do ser, pois tudo o que existe é, e tudo o que não existe, não é. A natureza para Parmênides era imóvel, não se dividia, não se transformava e estava presente em tudo, ela simplesmente "era". Se "tudo" era composto pelo ser, que não se alterava, mas claramente o mundo que via com os seus olhos mudava, então esse "tudo" se tratava de uma mentira. Dizia que toda nossa realidade é Imutável, estática e sua essência está incorporada na individualidade divina do Ser-Absoluto, o qual permeia todo o Universo. Esse ser é onipresente, já que qualquer descontinuidade em sua presença seria equivalente à existência de seu oposto - o Não-Ser. Parmênides dizia que esse Ser não pode ter sido criado por algo, pois isso implicaria em admitir a existência de outro Ser. Do mesmo modo, esse Ser não pode ter sido criado do nada, pois isso implicaria a existência do "Não Ser". Portanto, o Ser simplesmente é. Essa ideia da crença de apenas um pensamento espiritualista. Isso também é <u>espiritismo.</u>

Demócrito - Foi quem desenvolveu a teoria do pensador Leucipo sobre o atomismo, que ainda fazia parte da missão dos pré-socráticos em definir a origem do mundo. São conhecidos como os pais da física por descobrirem o átomo. Era interessado por várias áreas e tinha uma visão <u>materialista,</u> onde tudo era átomo. Assim, para ele, quando o corpo humano perecia, a alma permanecia formada por átomos. Demócrito acreditava que a alma era composta por alguns átomos, lisos e particularmente arredondados, os átomos da alma. Quando uma pessoa morre, os átomos de sua alma espalham-se para todas as direções e podem se agregar a outra alma, no mesmo momento em que esta é formada.

<u>Sócrates</u> - Foi o responsável por inaugurar uma nova fase da filosofia grega. A famosa frase "Só sei que nada sei" explica a essência do pensador, que ao ser apontado como o homem mais sábio do mundo, dizia que o que o diferenciava de outros sábios, é que tinha noção da sua ignorância. Um de seus métodos mais conhecidos de filosofar era através de perguntas incansáveis que fazia ao seus discípulos, forçando uma aprendizagem democrática e mais eficiente. Por seus ensinamentos foi acusado da prática de <u>ateísmo</u>.

<u>Platão</u> - Discípulo de Sócrates, depois de longas viagens, e de ter aprendido astronomia e geometria com os discípulos de Pitágoras, volta a Atenas, funda a Academia Platônica, que ficou considerada como a primeira universidade ocidental. Seu pensamento mais famoso diz respeito ao mito da caverna, que explica a

ideia de que os nossos sentidos nos apresentam um mundo ilusório, irreal, e apenas através da razão (do estudo, do pensamento filosófico, e da ciência), é que teríamos acesso ao mundo real, fora da caverna. Platão foi o principal influenciador da patrística, de onde originou o racionalismo.

Aristóteles - Estudou na academia de Platão e tornou-se o seu principal discípulo. Acreditava que a experimentação era o caminho certo para o verdadeiro conhecimento, o que divergia da ideia de razão de seu mestre. Quando Platão morreu, Aristóteles voltou à Macedônia, e tornou-se mentor de Alexandre, O Grande. Enquanto Alexandre invadia terras nos quatro cantos do mundo com suas conquistas e ambições, incluindo a Grécia, Aristóteles fundou sua própria escola, o Liceu. Lá formulou diversas ideias sobre o universo, os animais, a ética, a lógica e outros temas que por mais de mil anos serviram de base para o pensamento científico ocidental. Com Aristóteles ficou confirmado o ateísmo do ato puro.

> **""Nada é bastante ao homem para quem tudo é demasiado pouco"**
> *Epicuro*

<u>Epícuro</u> - Teve como professores, Sócrates e Aristóteles, mas inaugurou uma nova forma de pensamento que condizia com o contexto social da época, chamada de Epicurismo. Ele acreditava que o sentido da vida era satisfazer prazeres, mas só os que não eram impostos pela sociedade, e sim pelos prazeres simples, como beber água quando se está com sede. Isso seria a chave para uma vida feliz. Como um bom <u>materialista</u>, ele acreditava também que, como tudo era feito de átomos, não era preciso temer a morte, que era apenas uma fase de transição, de transformação natural da vida.

<u>Zenão de Cítio</u> - Foi um nome importante da era helenista. Fundador da escola filosófica estoica, Zenão discordava de Epícuro e achava que o homem tinha que desprezar qualquer tipo de prazer e problema. Acreditava que o importante do homem era adquirir a sabedoria necessária para entender o cosmos. Tal pensamento se relaciona ao contexto social em que vivia, onde o homem já não estava preso à pólis, à cidade grega, e era apenas mais uma pessoa sem raízes, um corpo no mundo. O <u>naturalismo</u> de Zenão era também uma espécie de <u>humanismo.</u>

<u>Pirro de Élida</u> - Na juventude, acompanhou o explorador Alexandre em sua jornada pelo oriente, onde

se deparou com culturas e costumes muito diferentes, e percebeu que não conseguiria determinar o que era certo ou errado, justo ou injusto, bem ou mal. A sua filosofia era: se você quer ser um sábio, não dá para ter certeza de nada. Viver feliz era viver na suspensão do juízo, porque são inúmeras as possibilidades de verdade, variando conforme o local, as pessoas, etc. A isso se deu o nome de ceticismo. Pirro, então, foi o primeiro filósofo cético da história.

Veja como cada pensamento, cada filosofia sempre aponta para a forma como o homem vê a natureza, o cosmo, a criação e todas elas descartam de modo contundente e categórico a ideia de um Criador, todos eles a uma voz, embora com pensamentos e filosofias diferentes, sustentam teorias tão fantásticas, caprichosas, extravagantes, quanto difíceis de serem compreendidas. Filosofias baseadas, no monismo, panteísmo, politeísmo, espiritismo, ateísmo, ceticismo, materialismo, racionalismo e no humanismo.

Depois vieram os iluministas e por fim os filósofos modernos e todos eles, fazendo coro aos seus antecessores, em um só pensamento, descartam a possibilidade de um Autor Criador. Depois vieram os cientistas, entre eles, alguns se destacaram por suas teorias e objetos, que transformaram o mundo que vivemos hoje.

As suas descobertas e suas paixões exageradas pelo conhecimento permitiram o desenvolvimento e evolução da ciência. Entre os renomados estão: Galileu Galilei, Isaac Newton, Daniel Gabriel Fahrenheit, Louis Pasteur, Thomas Edison, Nikola Tesla, Marie Curie, Albert Einstein, Max Planck, Werner Heisenberg e Stephen Hawking. Embora a suas ciências dessem grandes contribuições para a humanidade, elas não tiveram a preocupação de destacar que em meio as magníficas descobertas existisse um Designer Inteligente, um Criador, autor e planejador de toda a criação.

A Teoria do Design Inteligente (TDI) defende que a perfeição e a complexidade da natureza, por si só prova a existência de um Criador Inteligente. O que chamam de Designer Inteligente.

O questionamento vai desde o bater das asas das borboletas, das cores variadas das penas dos pássaros, o formato das conchas (Náutilus) do mar e a força dos furacões, o andar gracioso das gazelas, a imponência do leão, a couraça do rinoceronte, até os mistérios que guardam as nossas células e o DNA, o responsável por tudo o que somos.

A TDI, ao contrário do que nos pregaram há mais de 150 anos, prova que há evidências de inteligência na vida e no universo e que a complexidade da vida e a perfeição da natureza, de fato comprovam a existência de um ser superior, o Designer Inteligente, que projetou e planejou tudo com arte e perfeição. Os físicos, defensores da TDI afirmam que tudo foi criado por um arquiteto, um projetista inteligente, que tinha a vida em mente, um Criador que fez a vida deliberadamente.

> **"A sequência de Fibonacci, é uma das provas matemática da existência de um Criador Inteligente"**
> *Silmar.*

Lembremo-nos de Galileu Galilei, físico e astrônomo italiano, há mais de 400 anos, disse que a matemática é o alfabeto com o qual Deus escreveu o universo.

A matemática se dedica a provar, que tudo no universo segue uma lógica, vimos anteriormente, o famoso teorema de Pitágoras, o qual via nas proporções geométricas explicações para tudo que acontecia na natureza. Mas, foi bem antes, na idade média, que outro italiano, Leonardo Fibonacci, decifrou parte desse alfabeto em seus estudos, ele descobriu um padrão numérico que se repete em quase tudo na natureza e em sua homenagem, o padrão passou a ser chamado de "Sequência de Fibonacci". Uma sequência lógica de números que pode ser expressa em formas geométricas. O Padrão de Fibonacci é feito por linhas espirais, ligam os arcos dentro de cada quadrado e foram chamadas de "Espirais de Fibonacci", é um desenho que está em quase tudo na natureza: no formado da nossa orelha, no redemoinho formado pela sequência de cabelos na parte de traz no cume da nossa cabeça, na concha do mar, chamada de Náutilus, na formação das galáxias, nos redemoinhos formados nos oceanos, pelos furacões, nas ondas do mar, nas pétalas das rosas, na distribuição das sementes dos girassóis e até nos hexágonos da casca do abacaxi.

Mas, não para aí, temos ainda outra comprovação matemática para confirmar a possiblidade da existência de um arquiteto, alguém que planejou toda essa obra magnífica, uma mente inteligente por trás da criação. Essa comprovação seria chamado número de ouro, ou proporção áurea*, representada pela letra grega (Phi),

---

* Proporção áurea, número áureo, número de ouro, secção áurea ou proporção de ouro é uma constante real algébrica irracional denotada pela letra grega (**PHI**), em homenagem ao escultor Phideas, que a teria utilizado para conceber o Parthenon, e com o valor arredondado a três casas decimais de 1,618.

foi utilizado pela maioria dos arquitetos, escultores e pelos pintores em suas obras na antiguidade, representado pelos dígitos 1,618. Está presente em uma das obras da arquitetura da antiguidade, o Parthenon e foi usado por Leonardo Da Vinci, na pintura da Mona Lisa, o quadro mais famoso do mundo.

O número áureo está presente em praticamente tudo, desde as asas de uma borboleta, nas logomarcas, na arquitetura, até nas medidas anatômicas do corpo humano. Se pegarmos a nossa altura (a) e dividirmos pela medida da distancia do nosso umbigo até ao chão (b), e pegarmos o resultado, somarmos com a medida (b) e dividirmos com a altura (a) teremos o resultado da proporção áurea, (Phi), 1,618. Se abrirmos os braços e pegarmos a medida da distância do dedo médio ao outro (a) e dividirmos pela distância do ombro a ponta do dedo médio (b), teremos a proporção áurea, (Phi), 1,618.

> **"A proporção áurea, é outra prova matemática da existência de um Criador Inteligente"**
> *Silmar.*

O próprio Da Vinci teria eplicado o conceito para definir todas as proporções em sua obra "A Última Ceia" e empregado a proporção áurea para criar a "Mona Lisa" e o "Homem Vitruviano". Além de Da Vinci, outros artistas teriam feito uso do conceito, entre eles Michelangelo, Botticelli, Raphael, Rembrandt e Salvador Dalí.

Tanto o padrão numérico, descoberto por Fibonacci, quanto a proporção áurea, são cálculos definidos e precisos, que nos dão a prova de que a criação tem uma autoria inteligente, não sendo sensato acreditar, que uma criação tão bem delineada, bela e calculada, com tanta precisão matemática, não tenha sido planejada propositalmente por uma mente inteligente. De tudo na natureza, o que mais causa impressão aos cientistas, são aos células, chamadas de unidade básica da vida, são as menores partes que compõem os seres vivos, tanto vegetais como animais. O corpo humano, por exemplo, é formado por cerca de 100 trilhões de células que dão origem a tecidos e órgãos. Os estudiosos da biologia molecular garantem que não existe a mínima possibilidade de a vida ser um acidente, um acaso da evolução do planeta, para eles, as células são complexas demais e só podem ter sido criadas de propósito por um ser inteligente.

As células são como uma fábrica repleta de máquinas e veículos, ela produz e troca com as células vizinhas os elementos fundamentais à vida, tudo coordenado por uma espécie de computador central, o chamado DNA, onde estão as informações genéticas que definem as características dos seres vivos. Entre os humanos, é o DNA que forma o sexo, a cor da pele e do cabelo e o formato do rosto entre outras coisas, são 6 bilhões de informações condensadas numa estrutura microscópica extremamente eficiente. Os cientistas, a uma só voz, afirmam que o DNA é o mais capaz e avançado código de que se têm notícias. O vêm como uma molécula fantástica, onde há clara evidência de que uma mente inteligente propositou a vida. Definem-no como o software da vida, onde há um código, e

> *"O código mais avançado, existente em todo o universo, é o DNA, uma molécula tão microscópica, capaz de armazenar milhões de informações."*

afirmam, todos nós sabemos que códigos emanam de mentes inteligentes, não poderíamos jamais crê que uma obra do acaso ou uma explosão inicial, definiu essas medidas e criou de forma arquitetada todas essas maravilhas.

Recentemente nos Estados Unidos, pesquisadores, afirmam ter identificado no DNA humano uma sequência de números que sempre se repetem, uma espécie de assinatura do Designer Inteligente, Deus. Ao considerar a carga dos elementos químicos do DNA, os pesquisadores identificaram o seguinte padrão numérico: 10-5-6-5, eles então passaram a decifrar o código e tiveram a ideia de substituir cada número por letras hebraicas, sabemos que na língua hebraica, os números são representados por letras, pois por ser um idioma antigo, na sua época não tinham inventado os números decimais, esses que conhecemos hoje, a exemplo dos números romanos, que também são representados por letras. Portanto, a sequência numérica identificada foi transcrita para as respectivas letras em hebraico, que dão a formação do nome: JAVÉ, DEUS, como demonstrado nessa tradução:

ʹ6ה5ı10ה5.

DEUS יהוה *Yᵉhovah -*

Javé = "Aquele que existe"

1) o nome próprio do único Deus verdadeiro

2) Traduzido pela palavra SENHOR no português.

Essa descoberta levou esses pesquisadores, a conclusão clara e lógica, que de fato toda a criação tem um autor, um Designer Inteligente, que construiu com inteligência e propósito tudo o que existe e de forma brilhante, colocou dentro do DNA da obra prima de sua criação, o homem, a sua assinatura.

A ciência admite que, o corpo humano é a máquina mais complexa, perfeita e funcional que existe. O seu funcionamento autônomo, dá a ele a capacidade de um funcionamento tão harmônico e perfeito, que não há necessidade de nenhum tipo de suporte, a não ser que venha a sofrer alguma avaria, um acidente que possa comprometer a sua funcionalidade. Graças a inteligência coordenada em seus sistemas.

GRÁFICO DA SEQUÊNCIA DE FIBONACCI

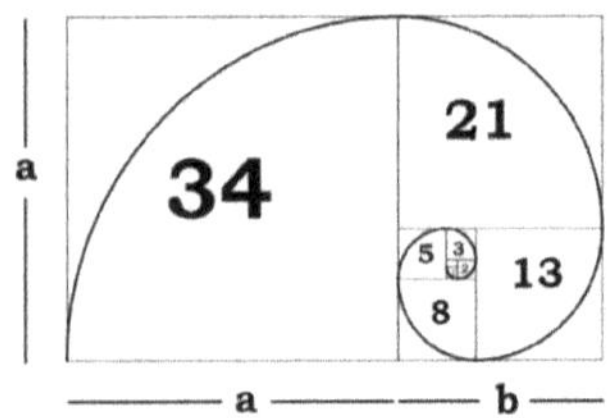

GRÁFICO DA PROPORÇÃO ÁUREA

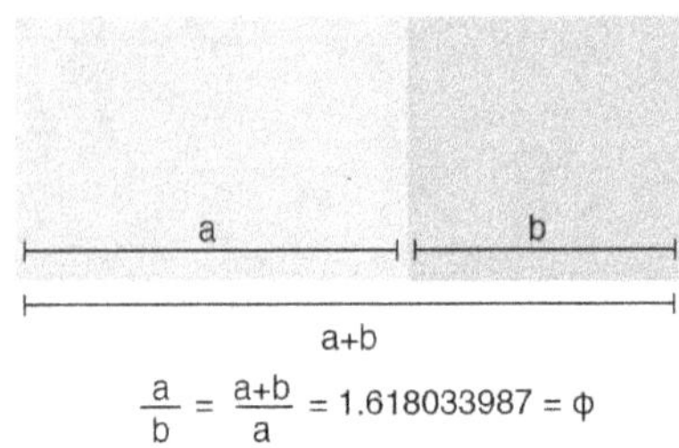

$$\frac{a}{b} = \frac{a+b}{a} = 1.618033987 = \phi$$

O HOMEM VITRUVIANO DE Da Vinci.

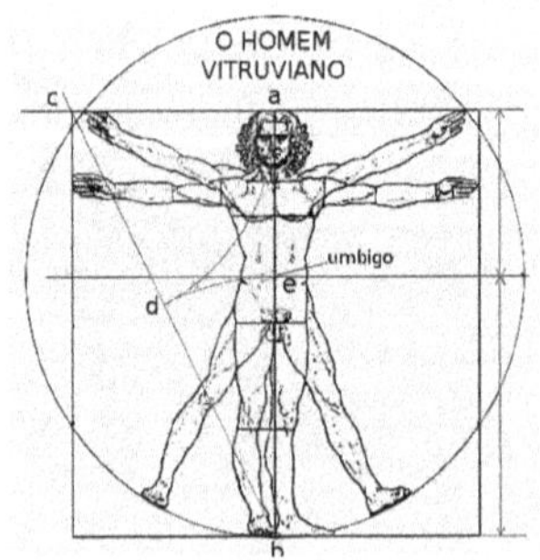

Este capítulo estará indubitavelmente, permeado por informações científicas, que nos elucidarão o entendimento acerca dessa esplendorosa obra da criação de Deus (Javé), o que para mim, é uma das maiores provas de que jamais, uma grande explosão ou uma evolução sistemática, como obra do acaso,   tenha produzido ou criado algo tão complexo e funcional, como o corpo humano. Essa magnífica máquina orgânica, (o corpo humano)   é   formada   pelos sistemas: cardiovascular,   respiratório,   digestório,   nervoso, sensorial, endócrino, excretor, urinário, reprodutor, esquelético, muscular, imunológico, linfático, tegumentar; e cada um deles envolve órgãos que atuam para a realização das funções vitais do organismo. Esses são órgãos funcionais que têm sua determinada função, componentes, entidades, partes ou elementos e as relações entre eles. A integração entre esses componentes pode se dar por fluxo de informações, fluxo de matéria, fluxo de sangue, fluxo de energia, que promovem a comunicação entre si.

As informações a seguir, foram extraídas do site: Educa Mais Brasil[1]. Um resumo elaborado para as provas do ENEM. Para a disciplina Biologia.

Quero nessa leitura desafiar o leitor, não a ler obtendo uma informação meramente científica, pois acredito que muitos já sabem o que lerão aqui, mas a colocar os seus olhos nos detalhes com a contemplação da imagem de um criador por trás de toda a magnitude dessa criação. Leia fazendo sempre a pergunta: "Quem criou essa obra magnífica", quem deu vida a essa criação tão esplendorosa, tão complexa, com um funcionamento tão preciso e harmônico? Dê a sua mente a oportunidade desse raciocínio, e verá que não é fruto do acaso, mas de uma criação inteligente, com propósito, pensada,

---

1-EDUCA MAIS BRASIL - Resumo elaborado pelo guia ENEM para a disciplina: Biologia - www.educamaisbrasil.com.br/enem/biologia/ Sistemas-do-corpo-humano.

planejada e arquitetada por uma mente suprema, um Designer Inteligente, que com sabedoria fez tudo com uma riqueza de detalhes tão perfeita, que até hoje a ciência

> ***Não é possível que uma máquina tão complexa e perfeita como o corpo humano não seja obra de um Criador Inteligente.***
> *Silmar.*

mesmo com toda a sua capacidade e eficácia, seu inesgotável poder de investigação e pesquisa se esbarra nas profundezas dos seus mistérios que são tão vastos e quase inatingíveis.

Sistemas que garantem o funcionamento do organismo

Os **sistemas do corpo humano** são constituídos por órgãos, que, juntos, realizam funções essenciais para a manutenção da vida. Os sistemas se dividem em: respiratório, circulatório, muscular, nervoso, digestório, sensorial, endócrino, excretor, urinário, esquelético, reprodutor, imunológico e tegumentar. Para compreender as atividades de cada sistema é necessário analisar as suas principais funções.

Sistema respiratório

O sistema respiratório é um dos principais sistemas do corpo humano. Ele é constituído pelos pulmões e vias respiratórias (cavidades nasais, faringe, laringe, traqueia e brônquios), que são responsáveis por fazer o transporte do oxigênio para dentro e fora das cavidades pulmonares. Além disso, o sistema é responsável pela eliminação de gás carbônico retirado de dentro das células. Como é um sistema mais delicado, existem algumas doenças respiratórias que atrapalham o desempenho de suas funções, como a rinite, a bronquite e asma, por exemplo.

Sistema circulatório

O sistema circulatório é responsável por realizar o transporte do sangue. Além do sangue, ele é composto pelo coração e vasos sanguíneos: artérias, veias e vasos capilares. Assim, o sistema também transporta oxigênio e demais nutrientes para diversas regiões do corpo.

Outras funções desempenhadas por esse sistema são: o transporte de carbono e resíduos das células, a manutenção do equilíbrio ácido-básico do corpo, proteção contra doenças e regulação da temperatura corporal.

Sistema muscular

O sistema muscular é constituído aproximadamente por 600 músculos. Os músculos trabalham em conjunto com os ossos, as articulações e os tendões. A sua principal função é contribuir para a execução de movimentos, além de produzir calor e manter a postura do ser humano.

Sistema nervoso

O sistema nervoso é classificado da seguinte

forma: sistema nervoso central, compreendendo o encéfalo e a medula espinhal e o sistema nervoso periférico, formado pelos nervos cranianos e raquidianos.

Entre as funções desse sistema está a regulação das notáveis atividades corporais por meio de impulsos nervosos, onde ele captura as mudanças no ambiente e transmite informações para o corpo, como se fosse uma rede de comunicação do organismo. As células da glia (ou neuróglia) e os neurônios são células que se destacam nesse sistema.

Sistema digestório

Entre os sistemas do corpo humano, o sistema digestório é responsável pela absorção de nutrientes importantes retirados dos alimentos ingeridos. Ele é formado pelo tubo digestório que engloba a boca, faringe, esôfago e estômago, intestino delgado e grosso, e ânus.

Esse sistema realiza dois tipos de digestão:

A <u>digestão mecânica</u>, realizada pela trituração dos alimentos na boca e a <u>digestão química</u>, que faz a digestão dos alimentos através das enzimas. Além disso, o sistema é composto por órgãos anexos, que inclui as glândulas salivares, fígado, vesícula biliar e pâncreas.

Sistema sensorial

O sistema sensorial abrange os cinco principais sentidos do ser humano (visão, olfato, paladar, audição e tato). Entre os sistemas do corpo humano, o sensorial realiza o transporte das informações recebidas para o sistema nervoso, que irá identificar e devolver as respostas para o corpo.

Um exemplo da ação do sistema sensorial é o olfato. Ao cheirar um alimento, por exemplo, a informação é transmitida ao sistema nervoso por meio dos neurônios sensoriais presentes no nariz.

Sistema endócrino

O sistema endócrino é constituído por um conjunto de glândulas e tecidos, responsáveis por realizar atividades vitais como a tireoide, hipófise, glândulas sexuais, entre outros. Além disso, essas glândulas produzem substâncias (hormônios) químicas reguladoras das funções do corpo.

Os hormônios são lançados na corrente sanguínea, exercendo funções como: regulação do metabolismo, defesa do organismo, produção de gametas, desenvolvimento corporal e outros.

Sistema excretor

Entre os sistemas do corpo humano, o sistema excretor desempenha a função de eliminar resíduos descartados pelo corpo humano, após passar pelo processo de digestão dos alimentos. Ele é formado pelos rins e vias urinárias.

Sistema Urinário

O sistema urinário é composto pelos rins, ureteres, bexiga urinária e uretra. Ele regula o volume e composição química do sangue, eliminando as substâncias tóxicas em excesso no corpo através da urina.

Sistema esquelético

O sistema esquelético contribui para o desenvolvimento dos outros sistemas do corpo humano. Ele é responsável por garantir a sustentação do corpo, proteger órgão internos, armazenar minerais e alojar células produtoras de células sanguíneas.

Sistema reprodutor

O sistema reprodutor é dividido em sistema reprodutor feminino e masculino, ambos exercem a função igual de reproduzir seres. O sistema reprodutor feminino é formado pelos ovários, útero, tubas uterinas e vagina. O sistema reprodutor masculino é composto por testículos, epidídimos, canais (ductos) deferentes, vesículas seminais, próstata, uretra e pênis. Além da reprodução, esse sistema produz hormônios que controlam o metabolismo.

Sistema Imunológico e linfático

Assim como os outros sistemas do corpo humano, o <u>sistema imunológico</u> desempenha papel fundamental na proteção do corpo contra ataques externos (bactérias, vírus, micróbios, etc.). Assim, esse sistema é responsável por produzir anticorpos para proteger o organismo contra doenças. O sistema linfático ajuda na proteção das células imunes, além de garantir a absorção dos ácidos graxos e o equilíbrio dos fluidos nos tecidos.

Sistema tegumentar

O sistema tegumentar ou pele humana é composto por duas camadas distintas: a **derme** e a **epiderme**, juntas, elas ajudam a controlar a temperatura do corpo humano. Esse sistema também é constituído pelos anexos de pele, como os pelos, as glândulas sebáceas, sudoríparas, e as unhas.

Todos os sistemas aqui apresentados têm a sua importância e relevância, mas quero destacar aquele que considero magnífico entre os magníficos: "o sistema imunológico". Veja que cuidado do Criador, criou um agrupamento de sistemas funcionais dentro do corpo e elegeu um deles para defesa do próprio corpo, já sabendo antecipadamente, que essa magnífica criatura seria alvo de ataques externos, proveu-a de um sistema de defesa que pudesse protegê-la.

O sistema imunológico é denominado também de sistema imune e corresponde ao processo que tem o objetivo de proteger o corpo contra agentes infecciosos. Assim, o sistema defende o organismo contra ações de agentes patogênicos como os fungos, as bactérias e os vírus.

A resposta imune

O sistema imunológico corresponde a um complexo voltado para defender o corpo contra agentes infecciosos e, dessa maneira, torná-lo saudável. Essa ação é denominada de **resposta imune**, que está dividida em imunidade inata e imunidade adaptativa.

<u>Imunidade inata:</u>

Conhecida também como **imunidade natural** diz respeito a um complexo de defesa que o indivíduo já possui desde o nascimento. Ela é considerada como a primeira linha de defesa do organismo e corresponde às barreiras químicas, físicas e biológicas. A imunidade inata refere-se às barreiras protetoras como as lágrimas, os tecidos do sistema respiratório, as plaquetas, o suor, as salivas, os cílios, o suco gástrico, o muco e as membranas. Elas também correspondem às células que desfazem micróbios, como por exemplo: os glóbulos brancos. A resposta imune natural, portanto, é capaz de evitar a ação de agentes patogênicos que podem produzir doenças infecciosas. Além disso, é um recurso que pode potencializar a resposta imune adaptativa.

<u>Imunidade adaptativa</u>

Conhecida também como **imunidade adquirida** corresponde a um sistema de defesa que o organismo recebe após ter adquirido contato com um agente infeccioso.

Um indivíduo que foi infectado por um agente invasor, geralmente é vacinado. O conteúdo dessa Vacina corresponde às substâncias do ente patogênico causador da doença, ou seja, <u>antígenos</u>. Caso o organismo seja atacado de novo pelo microrganismo, o corpo já estará imune.

Existem dois tipos de imunidade adquirida. São elas:

A imunidade humoral:

Diz respeito a uma resposta de defesa em que dominam os anticorpos, que são constituídos pelos linfócitos B. Os anticorpos são responsáveis pelo reconhecimento dos antígenos e por eliminá-los.

A imunidade celular:

A imunidade celular corresponde a um sistema defensivo que é mediado por células dos linfócitos T. Quando um agente infeccioso sobrevive no organismo e se propaga e, os anticorpos não conseguem ter acesso, as células T entram em ação e os destroem.

Quais são os órgãos do sistema imunológico?

O sistema imunológico é composto pelos órgãos: timo, baço, linfonodos, medula óssea, vasos linfáticos, dentre outros. Os órgãos do sistema imunológico estão divididos em duas classificações: órgãos imunitários primários e órgãos imunitários secundários. No primeiro, ocorre a linfopoese que diz respeito a constituição de linfócitos. No segundo, por sua vez, é gerada a resposta imune.

Exemplos de órgãos imunitários primários

• **Timo**: esse órgão é uma glândula que está localizada

no tórax, entre os pulmões e a frente do coração. O timo é um órgão que está comprometido com o processo de maturação dos linfócitos T;

• **Medula óssea**: órgão chamado também de tutano. Diz respeito a um tecido gelatinoso que está localizado dentro dos ossos. Elas estão envolvidas com o processo de produção das células sanguíneas como hemácias, plaquetas e leucócitos;

• **Células tronco**: chamadas também de células fonte. As células tronco podem originar outras células e estão classificadas em dois grupos que são as células-tronco embrionárias (ou não embrionárias), adultas e induzidas.

Exemplos de órgãos imunitários secundários:

• **Baço**: diz respeito a um órgão do sistema linfático que fica na região superior esquerda do abdômen. Ele é caracterizado por funcionar como filtro que identifica e remove os glóbulos vermelhos danificados para que os novos possam atuar;

• **Linfonodos**: denominado ainda como gânglios linfáticos corresponde a pequenos órgãos formados por tecido linfoide.

Quais são as células do sistema imunológico?

O sistema imunológico é formado por células que atuam na defesa do organismo, como: leucócitos, macrófagos e linfócitos.

Células leucócitos

Os leucócitos são denominados também de glóbulos brancos e são originados da medula óssea. Essas células atuam na defesa do organismo e são encontradas, por exemplo: nos tecidos conjuntivos, órgãos linfoides e na linfa. Eles atuam ainda como agentes que eliminam células mortas do organismo.

O tipo de célula macrófago

O macrófago corresponde a um tipo de célula que é originada dos monócitos. A função dela consiste em realizar a **fagocitose**, processo voltado para o englobamento de células envelhecidas e danificadas.

Os linfócitos

Os linfócitos diz respeito às células que fazem parte do sistema imunológico, denominadas também de glóbulos brancos. Eles são responsáveis pela defesa do organismo e atuam na destruição de agentes infecciosos. Existem dois principais tipos dessas células que são: linfócitos T e os linfócitos B.

As doenças autoimunes

A doença autoimune corresponde a uma reação imune do corpo de caráter anormal. Portanto é uma ação que se volta contra o próprio organismo. A medicina aponta várias doenças classificadas como autoimunes, por exemplo: doença celíaca, vitiligo, lúpus, doença de Chron, diabetes do tipo 1, esclerose múltipla, dentre outros.

A ciência ainda não explica quais são os fatores que levam o indivíduo a adquirir uma doença autoimune. Mas acredita-se que condições externas tenham influências.

Como vemos nessas informações, há um mecanismo inteligente que move todos esses sistemas para o bom funcionamento do corpo com muita precisão e harmonia. É interessante observarmos que esse mecanismo, quando detecta que há algo errado com o corpo, emite alguns alertas, a fim de que busquemos o socorro ou a solução para o problema existente. Entre esses alertas estão: a dor, a febre, a tosse e o espirro.

Sem a dor, não daríamos importância a urgência no atendimento do alerta e na solução do problema.

Lembro-me que um dia falei ao odontólogo, que a dor de dente podia não existir e que era muito ruim sentir dor de dente. Ele me respondeu: Olha pelo lado bom! A dor é benéfica, porque sem ela, nós não estaríamos com nenhum dente na boca, pois quando há algo errado com o dente, ele dói, para nos alertar que devemos buscar o tratamento. Não tinha atentado para esse fato, foi aí que concluí, que até a dor que sentimos é um cuidado do Criador. Como poderíamos saber quando há algo muito errado com o nosso corpo por dentro? A febre é sinal de que o corpo não está bem por dentro e nos alerta para buscarmos um diagnóstico preciso e um posterior tratamento. Se há algo invadindo o nosso sistema respiratório provocando os nossos pulmões e nossas vias aéreas, a tosse, é um alerta de que algo não está normal. Isso nos leva a buscar a solução imediatamente.

O espirro é uma reação involuntária de nosso organismo à presença de partículas ou micróbios que causam irritação, como poeira, pólen, ácaros, vírus, bactérias e fumaça. Atuando como um eficiente mecanismo de defesa de nosso organismo, consiste na expulsão brusca e rápida de ar e gotículas pelo nariz e boca; muitas vezes desobstruindo o nariz. A sua velocidade pode chegar até a 160 Km/h.

> *"Só sabe a importância que tem uma funcionalidade, por menor que seja, quem a perdeu e necessita dela para continuar vivo".*
>
> *Silmar.*

Percebe como o nosso Criador, inteligentemente confeccionou o corpo humano? Como podemos negligenciar e ainda não crer que uma mente inteligente planejou e projetou algo tão perfeito e complexo? No meu livro "Como Lágrimas na Chuva", contei a minha história, os fatos relacionados com o meu filho, que era especial. A sua patologia era progressiva e degenerativa, via a cada dia que passava, as perdas que ele sofria em sua deambulação e tendo déficits e perdas em seus sistemas. Um dia comecei a meditar, o quanto fomos feitos com perfeição, como Deus nos fez com tantas peculiaridades. Às vezes, não percebemos, porque para alguém normal, é natural, comer, beber água, se locomover, respirar, sentir fome, cheiro, falar, raciocinar etc. Mas, quando se tem algumas perdas desses sistemas, percebemos o quanto são importantes e perfeitos.

Certo dia, ele perdeu completamente o apetite, não desejava comer nada, para mim foi desesperador, Foi então, que comecei a meditar, que Deus nos deu a fome, para nos incentivar a comer, a sede, para darmos importância a necessidade de beber água. Outro momento que foi alvo das minhas meditações foi quando tivemos a necessidade de comprar um aparelho chamado Cough Assist (Assistente de Tosse), um aparelho que faz para o paciente com DMD com comprometimentos respiratórios o que a tosse faz para uma pessoa normal. Nas minhas pesquisas sobre a DMD, a Distrofia Muscular de Duchenne, a patologia que o acometeu, a qual promovia diariamente as perdas de seus músculos, descobri que só conseguimos tossir, porque temos uma estrutura muscular no tórax, abdômen e pescoço, sem ela não tossimos, era justamente o que acontecia com ele. Mas, não damos importância a isso, devido ao fato de considerarmos normal, porque temos essa musculatura funcionando perfeitamente. Por fim, tive uma meditação desesperadora, quando via a possibilidade de não vê-lo mais respirando sem o auxílio de 100% de suporte ventilatório, ou seja, estaria ligado para sempre a um ventilador mecânico ou a um cilindro de oxigênio, quando fosse transportado para algum lugar. Esse fato seria uma realidade em sua vida, por não ter a sua função pulmonar mais hábil para desempenhar eficazmente o seu papel, por causa da agressão da DMD.

Caro leitor, trago essas informações tão pessoais, para dizer, que tive na minha vida essa dura realidade, mas que ao mesmo tempo me mostrou a grandeza do Criador Inteligente, quando idealizou o corpo humano. Uma criação tão perfeita e complexa, que nos mostra em toda a sua funcionalidade e em todo o seu desempenho autônomo, a ação de uma mente inteligente, que chamamos de: Deus, Javé, o nosso Criador.

ALMA נפש *nephesh*
1) alma, ser, vida, criatura, pessoa, apetite, mente, ser vivo, desejo, emoção, paixão;
1a) aquele que respira, a substância ou ser que respira, alma, o ser interior do homem;
1b) ser vivo;
1c) ser vivo (com vida no sangue);
1d) o próprio homem, ser, pessoa ou indivíduo.

Os significados acima são a definição da palavra "ALMA" na língua hebraica. Ou seja, ela é o próprio indivíduo, o ser vivo. Mas, é importante sabermos sobre a sua constituição. A psicologia define-a a partir dos processos mentais (sentimentos, pensamentos e razão). O estudo feito pela teologia define-a com uma tríplice constituição funcional: Intelecto, Vontade e Emoções.

Nesse contexto, notamos a inteligência que o Criador colocou em cada uma dessas funções e mais uma vez, teremos a prova cabal, de que uma criação tão perfeita, complexa, harmônica e funcional, não seria obra do acaso ou de uma evolução mutante, mas de um criador, um designer inteligente.

<u>A inteligência Racional (intelecto - QI).</u>

Parece uma redundância, mas não é, esse campo denominado de intelecto é responsável pela atuação da própria inteligência: entendimento, raciocínio, intuição e reflexão. Vem do latim e significa "ler por dentro", é uma potência cognitiva da alma humana, através da qual ela conhece algo de si, algo que lhe rodeia e algo que a transcende.

> **"Na alma está toda a complexidade do ser, desde os grandes defeitos, até as mais raras virtudes."**
>
> *Silmar.*

O intelecto supõe a capacidade de desenvolver representações mentais da realidade e de poder relacioná-las eficazmente entre si. O conceito pode associar-se à inteligência, à capacidade de reflexão e ao raciocínio. Assim como a consciência moral está relacionada ao que é certo ou errado, sendo aquilo que é passado para você do que deve ou não ser feito, a consciência intelectual está relacionada à suspeita, ou seja, à dúvida. No inglês, INTELECT ou Intelecto é um termo usado nos estudos da mente humana e refere-se à capacidade da mente de tirar conclusões corretas sobre o que é verdadeiro ou falso e sobre como resolver problemas.

O intelecto humano compreende um conjunto de faculdades intelectuais, dentre as quais, destacam-se criatividade, intuição, liderança e inovação.

É no intelecto que está a capacidade da mente de planejar, solucionar problemas, raciocinar, compreender ideias e os diversos tipos de linguagens e interações; ele é uma faculdade, um ato exercitado através da inteligência. O reconhecimento de inteligente é daqueles que usam bem o intelecto. É sabido que a própria ciência tem seu ponto de partida na atividade intelectiva e define que o intelecto é o campo das percepções e noções e das capacidades mais elevadas da compreensão. A filosofia diferencia o intelecto das sensações, apetites e desejos, para ela é a parte da alma que executa o sentir e o pensar.

O intelecto capacita a alma a uma reflexão crítica, tomada de consciência e análise dos fundamentos e das razões. Dele, não temos muito que falar ligado ao termo inteligência, ele é exatamente o campo desenvolvido pelo Criador, que atua nesse mecanismo, responsável pelo desempenho das ações inteligentes da alma.

A Inteligência Emocional (QE).

Vimos que há uma inteligência que emana do intelecto, como a própria palavra bem o define, essa inteligência é na verdade a que inclusive direciona os outros campos, mas descobriu-se também, que há nas emoções uma inteligência. Desde os idos de 1920 até 1989 que se falava em algum mecanismo para

> *"O inteligente emocionalmente é aquele que controla bem os seus impulsos e os canaliza para o fim desejado"*
> *Silmar.*

administrar as emoções para que se pudesse agir de forma mais sensata nas relações humanas. Desde 1950, que a psicologia vem desenvolvendo estudos para mostrar como as pessoas podem desenvolver força emocional em suas relações.

O conceito de Inteligência Emocional surgiu em 1990, proposto pelos pesquisadores Peter Salovey e John Mayer. No entanto, tornou-se conhecido mundialmente após a publicação do livro Inteligência Emocional, em 1995, por Daniel Goleman. Apaixonado pela Psicologia. Hoje, Daniel Goleman é considerado o "pai da inteligência emocional", por ter sido um dos pioneiros a afirmar que a forma como reconhecemos e gerimos as emoções é tão importante como o QI.

Os estudos atuais, constataram que a Inteligência Emocional pode ser categorizada em cinco habilidades: autoconhecimento emocional (Capacidade de reconhecer as próprias emoções e sentimentos) controle emocional, automotivação, reconhecimento das emoções em outras pessoas e os relacionamentos interpessoais; ela é a capacidade de administrar as emoções para alcançar objetivos. A partir desta definição, é possível entender porque as pessoas devem saber lidar com seus medos, seus temores, inseguranças e insatisfações em prol do êxito nas atividades. A psicologia, no entanto definiu que a inteligência emocional tem cinco pilares. O primeiro - **Autoconhecimento**: o conhecimento das próprias emoções. Quando você sente raiva, será que essa é a sua verdadeira resposta ou ela pode estar camuflando um sentimento de frustração? O segundo - **Autocontrole**: o controle das emoções. É saber que nem tudo o que sinto é o que devo fazer. O terceiro - a **Automotivação**, o quarto - a **Empatia** e o quinto - a **Sociabilidade**. Esses pilares, como o termo bem diz, serão a sustentação das emoções, que darão segurança na efetividade das boas ações ou das ações corretas, eles nos capacitarão a percebermos as nossas emoções e as emoções dos outros, a raciocinarmos a partir dessa leitura, entendendo o que elas significam dentro do processo e por fim sabermos gerenciá-las. A inteligência emocional ajuda a superar atitudes, crenças e hábitos negativos que nos condicionam e limitam, impedindo que aproveitemos todo o nosso potencial. Por que ela é tão importante e porque não dizer relevante, principalmente no cenário atual de um mundo globalizado? Psicólogos afirmam que Pessoas "emocionalmente inteligentes" são mais confiantes e motivadas, avaliam constantemente suas atitudes e pensamentos, se relacionam de maneira mais equilibrada e conseguem encarar situações difíceis com mais facilidade, possuindo grande capacidade de superação.

Aqueles que são capazes de lidar com suas próprias emoções, de lidar com situações de pressão e conflitos que saibam se relacionar com várias pessoas e considerar as suas diferenças, esses são os que conseguem exercer a Inteligência Emocional.

> **"A Inteligência Emocional promove o equilíbrio das ações e oportuniza o alcance dos objetivos pretendidos."**
>
> *Sílmar.*

É de suma importância entender que, essa inteligência, mesmo tendo sido descoberta há tão pouco tempo, pela psicologia, já estava disponível para a alma, quando nós lemos nas Escrituras, que o Criador, legou ao homem um Fruto dado pelo Espírito Santo, contendo nove virtudes e que essas virtudes capacitam a alma no desenvolvimento dessa inteligência. Entre essas virtudes está o "domínio próprio", ou o autocontrole e o "amor", que pode produzir todos os outros pilares.

Essa inteligência leva o ser humano ao entendimento que nas relações, não há lugar para o egocentrismo, mas que o bom convívio social, demanda o reconhecimento das diversas pessoas que nos rodeiam, com suas diferenças e que a empatia é muitas vezes a ferramenta mais presente para a solução dos problemas e o autocontrole o freio que nos segura para não acelerarmos emocionalmente o desejo de uma ação indevida. Faz-nos compreender, que há momentos que a decisão de perder significa ganhar e que os valores da vida não estão essencialmente em adquirir ou possuir, mas em conquistar.

A inteligência da vontade (IV).

Percebi que os estudiosos não atentaram para essa outra área da alma, tão importante e relevante quanto as outras duas (a vontade) e que é ela que finaliza as ações, por isso, resolvi pesquisar e descobri que há outra inteligência da qual devamos falar: "a inteligência da vontade".

Definida como a faculdade que tem a alma de querer, de escolher, de livremente praticar ou deixar de praticar seus atos. É a força interior que impulsiona o indivíduo a realizar algo, a atingir seus fins ou desejos, com determinação, ânimo e firmeza.

Um exemplo, em que essa inteligência é comprometida, são alguns casos do transtorno do espectro autista, em que a pessoa apresenta falta de interesse em executar tarefas corriqueiras, como: comer, banhar, beber, higienizar-se e até interagir com as outras pessoas, etc.

> ***"A Inteligência da Vontade, nada mais é que a reação química que acontece dentro do corpo que nos faz reagir ante uma necessidade."***
>
> *Silmar.*

Isso ocorre, porque o transtorno inibe essa ação inteligente da vontade, que fica comprometida. Há caso em que algumas delas são recuperadas no todo ou em parte, com estímulos aplicados por um Técnico Comportamental do Transtorno Autista, um RBT.

O criador proveu a alma de "livre arbítrio", ou liberdade de escolas, é o que a responsabiliza pelos atos praticados pela vontade. Dentro desse campo chamado vontade, também há uma inteligência atuante, que se manifesta todas as vezes que estamos diante de uma demanda. O criador também proveu a vontade de uma atuação inteligente. Ela não acontece simplesmente porque tem que acontecer, ou porque estamos frente a uma demanda, o mesmo mecanismo inteligente que atua em todos os segmentos da criação, atua também nos mecanismos do corpo, para fazer com que haja a manifestação da vontade. Analisemos, portanto, as atuações simples e corriqueiras do dia a dia como: sentir fome, sede, fazer sexo, sentir alegria, tristeza etc.

O Criador, quando idealizou o corpo, determinou que para sua sustentação devesse haver necessidades a serem supridas, para tanto, criou um mecanismo que age por reações químicas, todas as vezes que uma necessidade surge, essa reação química desencadeada no corpo faz com que a vontade seja acionada para realizar tal necessidade. Tomemos como exemplo o mecanismo da fome. A fome é a sensação fisiológica que se sente quando o organismo necessita de reposição nutricional. A grelina, hormônio liberado pelo estômago quando se encontra vazio, age diretamente no cérebro fazendo com que a sensação de fome seja ativada para acionar a vontade de comer. Ao ingerirmos qualquer alimento, o estômago por sua vez libera o hormônio PYY que ao agir igualmente no cérebro libera a sensação de saciedade. Quanto a necessidade de beber água também há um processo inteligente, sabemos que o corpo é feito por cerca de 60% de água, mas nem toda esta água permanece em nosso corpo. Parte dela é eliminada na urina, no suor e até quando respiramos. Por isso, beber água suficiente para cobrir estas perdas é fundamental. A água, é um solvente universal, fornece nutrientes ao corpo, regula a temperatura corporal e lubrifica os olhos e articulações. Sem água perdemos energia, a pele fica seca e até o humor é afetado. Quando o corpo se desidrata as terminações nervosas do hipotálamo do cérebro, que estão no que os cientistas chamam de "centro da sede" (OCPTL) – enviam sinais para a liberação de um hormônio antidiurético. Este hormônio chega até os rins e estimula as aquaporinas, proteínas das membranas das células que podem transportar moléculas de água, permitindo que o sangue retenha mais água no corpo. Esse mecanismo, dá as informações de que o corpo está sofrendo uma desidratação, e provoca a sensação de sede, a fim de que a vontade seja ativada para bebermos água.

> **"Se a nossa vontade não fosse estimulada pela inteligência (IV), certamente não desejaríamos fazer nem o básico necessário."**
>
> *Silmar.*

O desejo que temos para a relação sexual, também obedece a um processo químico, desencadeado por vários hormônios, falei deles no meu terceiro livro "Vencendo a depressão com o Fruto do Espírito", no capítulo: "A atuação dos hormônios". Certamente você conhece a expressão: rolou uma química entre nós! Será que existe mesmo uma explicação científica para isso? Quando estamos amando ou até já nos finalmente atuando numa relação sexual, há uma reação acontecendo dentro do corpo causada por um fluxo de substâncias químicas fabricadas dentro do próprio corpo. Entre essas substâncias, estão a adrenalina, noradrenalina, dopamina, oxitocina, a serotonina e as endorfinas. Percebe que, são necessários vários hormônios para que aconteça essa sensação de prazer. A dopamina produz a sensação de felicidade, a adrenalina causa a aceleração do coração e a excitação. A ocitocina, conhecida como (o hormônio do amor) é o responsável pelo desejo sexual entre um casal, nesse estágio é que se diz que existe uma verdadeira química, pois os corpos se misturam como elementos em uma reação química. Todos esses hormônios fazem parte do mecanismo inteligente criado para o bem-estar, a alegria, a felicidade, o prazer, enfim, a satisfação e a realização pessoal. Neste caso para que se manifeste o desejo, a vontade de fazer sexo, sendo que a ocitocina e a vasopressina, são os agentes responsáveis pela atração que evolui para efetividade da relação.

Não vou delongar nesse assunto, mas o que vimos aqui é o suficiente para entendermos que a vontade que manifesta nos indivíduos, não é fruto de um mero acaso, mas da ação química desencadeada dentro do corpo, a qual foi colocada ali, pelo Criador, para que todas as vezes que houvesse uma necessidade de suprimento do corpo, a vontade fosse despertada para sua execução.

A **inteligência artificial** é um ramo de pesquisa da ciência da computação que busca, através de símbolos computacionais, construir mecanismos e dispositivos que simulem a capacidade do ser humano de pensar, organizar-se e resolver problemas. O seu conceito está ligado as atividades tecnológicas acionadas por máquinas que são capazes de efetuar atividades e dá respostas consideradas inteligentes, através dos volumes de dados que possuem. Com base nas análises desses dados, elas ampliam seus conhecimentos e são capazes de aprender por si mesmas; uma espécie de auto aprendizado. Uma solução de IA envolve um agrupamento de várias tecnologias, como redes neurais artificiais, algoritmos, sistemas de aprendizado, entre outros que de modo eficaz conseguem simular aptidões e capacidades humanas ligadas à inteligência. Por exemplo, o raciocínio, a percepção de ambientes, coisas e sons, incluindo a habilidade de análise que faculta a tomada de decisões.

Ela se tornou um campo da ciência, que estuda, analisa, verifica, pesquisa e desenvolve, através de máquinas, as atividades humanas de modo autônomo. Ela não só está relacionada a ciência da computação, mas também às tecnologias como: robótica, Machine Learning (aprendizagem de máquina), Deep Learning e PLN (Processamento de Linguagens Naturais). Essa inteligência está presente em quase todas as tarefas desempenhadas por máquinas em nosso século. Acredito que em um futuro não muito distante, estaremos plenamente dependentes dela.

> **"A Inteligência Artificial é a prova cabal de que por traz de toda criação há um Criador Inteligente".**
> *Sílmar.*

Machine Learning

Ou Aprendizado de Máquina; por essa tecnologia, é possível a aplicação de métodos e avaliação, que torna factível a automatização do desenvolvimento de padrões analíticos a partir da inserção de dados. Essa tecnologia, nada mais é que um aprendizado de máquina através do qual os sistemas tecnológicos efetivam tarefas usando dados para descobrirem padrões, se aperfeiçoarem e poderem tomar decisões sem muita interferência das mãos humanas. Destarte, podem melhorar e aprimorar a realização das atividades com o passar do tempo.

Através das Plataformas de Machine Learning são fornecidas: capacidade computacional, dados, algoritmos, Ais, para projetos, treinamentos e aplicações de modelos de diversas áreas em máquinas, aplicativos e processos. Com ela, os engenheiros desenvolvem novos modelos ou aplica modelos existentes de maneira mais bem-sucedida conseguindo, assim, fornecer ótimas e eficazes soluções para os seus projetos. Como também os analistas dessa mesma área, que são aptos para o domínio dos algoritmos e ferramentas de Aprendizado de Máquina para aplicação na solução de problemas reais. Vem da Machine Learning o grande potencial da Inteligência Artificial para atuação em um amplo espectro de aplicações no mercado. A partir dessa linguagem, diversos projetos foram implantados e aqueceram o mercado trazendo muitas novidades na área tecnológica, alcançando praticamente todas as áreas. Podemos afirmar, que onde tem grandes avanços tecnológicos, tem Machine Learning.

Deep Learning

Essa linguagem, mais conhecida como bem sugere o termo (aprendizagem profunda), é um tipo especial de aprendizado de máquina, com ela a tecnologia avança e vai mais além da linguagem, em uma camada bem mais profunda do Machine Learning. Diferente desta, que funciona a partir dos dados nela

> *"As linguagens artificiais, são a primeira tentativa da computação em aproximar as máquinas daquilo que é peculiar dos humanos."*
> *Silmar.*

inseridos, a Deep Learning utiliza as redes neurais que são parecidas com as do cérebro humano. Essas redes artificiais imitam a complexidade e o funcionamento dos neurônios, e com isso chegam a soluções tão extraordinárias, que parece estarmos vendo as próprias ações humanas em execução, só que com mais precisão e perfeição.

O seu funcionamento toma como base, dois conceitos: o aprendizado supervisionado e o não supervisionado. Nesse, redes neurais simples são aplicadas em atividades repetitivas, como aquelas tarefas executadas de forma mecânica pelos humanos, em trabalhos simultâneos. Nesse tipo de aprendizagem o conjunto de dados utilizado não possui nenhum tipo de rótulo. O objetivo desse tipo de aprendizagem é descobrir similaridades entre os objetos analisados a fim de detectar similaridades e anomalias. Enquanto que naquele, as redes neurais são usadas em coisas como a computação cognitiva**.** A Linguagem Profunda treina as máquinas para a execução de atividades da mesma forma que nós humanos treinamos e somos treinados, dando a elas a capacidade da identificação de imagens, o reconhecimento de fala e o próprio processamento de dados, que aprimora e identifica com precisão os resultados e dá velocidade para as informações que podem chegar em "Real Time".

Processamento de Linguagem Natural (PLN)

Definida como uma subárea da ciência da computação, inteligência artificial e da linguística que estuda os problemas da geração e compreensão automática de línguas humanas naturais. É empregada em estudos e ações para se reproduzir os processos de desenvolvimentos ligados ao funcionamento da

---

*- A **computação cognitiva** (CC) é a utilização da inteligência computacional (IC) para auxiliar na tomada de decisão humana, caracterizada por capacidades não-supervisionadas de aprendizado e interação em tempo real.

linguagem por meio de softwares e programações. Por esse processamento (PLN), as máquinas conseguem analisar com precisão os textos, são capazes de uma melhor compreensão dos contextos e conteúdos; uma informação uma vez identificada, pode ser tirada do texto para o desenvolvimento de listas e relatórios, quando for usada em estatísticas empresariais e no atendimento a consumidores. A sua capacidade é bem parecida com a dos humanos, mas as suas atuações, certamente com melhor precisão e assertivas.

Desde então, a IA tem se popularizado e desenvolvido ainda mais até chegar à atualidade, em que vem se tornando realidade no mundo tecnológico. Ela atualmente está presente em todas as

"O PLN é a área interdisciplinar do conhecimento que trabalha com a interação entre computadores e humanos usando a linguagem natural. A partir de modelos linguísticos."

áreas, em todos os segmentos do mundo moderno, gerando benefícios diversos e vantagens para os negócios que movem a economia. Veja alguns desses benefícios, como são hoje uma realidade:

Aperfeiçoamento de ações para tomar decisões.

Para as empresas que baseiam em dados as suas

tomadas de decisões, ela aperfeiçoa as ações e se torna uma forte aliada, pois auxilia na simplificação de todos os processos das diversas análises feitas pela empresa, pois é capaz de conferências e organizações eficazes, que dão clareza aos dados, pincipalmente aqueles ligados as ações estratégicas. Pois um sistema de Inteligência Artificial pode desenvolver processos que envolvem correlações, regressões, estruturação de análises dos dados gerados, os quais servem de base para as tomadas de decisões. Principalmente se estiver vinculada a uma gestão de *Big Data*, a qual permite que a organização localize dados, estruturados ou não, com facilidade e rapidez. Esse processo envolve diferentes questões, como governança, organização e administração dos grandes volumes de dados.

<u>Comodidade e satisfação do Cliente.</u>

Objetivando o alcance de excelentes estratégias comerciais, uma solução de IA virtual, por exemplo, emprega algoritmos que segmentam precisamente a informação e realiza assim, a sugestão de produtos sintonizados ao perfil do consumidor analisado. É o que é feito hoje em dia nas diversas plataformas de vendas.

Além disso, ela emprega o alto nível de replicação dos processos, pois os seus sistemas são aptos para realizar por repetidas vezes as análises. Através de relatórios aquelas informações relevantes, necessárias e imprescindíveis são obtidas com maior rapidez, visto que os algoritmos de text mining (mineração de textos), analisam velozmente um documento e encontra as informações necessárias para se finalizar um negócio. Alcançando assim, certa comodidade pela velocidade e eficácia da informação e por fim a satisfação do cliente, que percebeu o atendimento acontecer de forma rápida, eficiente e dentro do esperado.

Automação ampla e sofisticada.

Através da IA, é possível tratar informações com a velocidade que o nosso século exige, nas atividades lógicas, cognitivas, analíticas e projetadas. Em especial, aquelas tarefas executadas em produções, efetuadas por robôs. Ela mitiga os riscos operacionais, os custos e as margens de erros que podem ser cometidos pela falta de precisão de tecnologias obsoletas.

> *"A automação é um processo da Inteligência artificial que,* empprega processos automáticos para comando e controle dos mecanismos para seu próprio funcionamento."*
>
> *Silmar.*

Ela é capaz de identificar empecilhos, falhas, fragilizações e gap's nos processos das empresas, apontando e reduzindo os erros, as falhas, aumentando a eficiência nos sistemas operacionais.

Lembro-me quando fui destacado pela empresa onde trabalho, para fazer um curso de automação bancária em São Paulo em 1989. Naquela época, os bancos estavam aprimorando seus parques tecnológicos e a Caixa Econômica (empresa onde trabalho), não pensava diferente. Já tínhamos em nossa agência, dois terminais de Cash Dispense, são os conhecidos hoje em dia como: Caixas Eletrônicos. Eu sabia da existência deles, pois nós os tínhamos em nossa agência, mas não sabia como era o seu funcionamento. No curso, foi possível ver como era esse mecanismo. Pela primeira vez, ouvi falar de IA. A máquina era cheia de sensores, e softwares que comunicavam entre si, como se fosse um humano. Eu ficava pensando, como essa máquina consegue identificar as várias cédulas de dinheiro e dispensar a quantia correta que foi solicitada pelo cliente? Aquilo me deixava perplexo, pensava: "meu Deus! Onde vamos parar?". Veja que, essa tecnologia que eu tanto admirei naquele momento, hoje está obsoleta, a sofisticação da automação é hoje uma grande realidade.

Ela tem sido empregada nos diversos monitoramentos de máquinas e sistemas computacionais nas empresas; nos casos dos equipamentos, vemos a operação de dados dos sensores, das câmeras, de registros em softwares de monitoramento, e de identificação. Seus sistemas, liberam informações a partir de bancos de dados, de relatórios, de gráficos, planilhas e históricos precisos e qualificados.

A automação, além de prever eventuais dificuldades nos processos, gerando diagnósticos precisos, dá às empresas a capacidade de aferição e modificações nesses processos, e a oportunidade de alcançar níveis elevados de acertos nas definições das estratégias através dos diversos dados coletados pelos processamentos da IA. Isso além de evitar tanto prejuízos financeiros, como aqueles provenientes da perda de clientes, que hoje são exigentes, aferem as empresas pela qualidade do seu atendimento.

> *"A Inteligência Artificial deu ao atendimento um novo conceito, alcançando primordialmente a satisfação do cliente."*
>
> *Sílmar.*

Atendimento otimizado e personalizado

Há uma máxima, que é dita em treinamentos e em

cursos ministrados pelas empresas que diz: "Todas as empresas vendem o mesmo produto!" Quando ouvi pela primeira vez essa informação, pensei: "Como assim? Existem variados ramos de atividade e por consequência, vários produtos em oferta no mercado! A resposta, mesmo que não pareça, é lógica. Todas vendem "atendimento"; ele é o carro chefe para os negócios em qualquer empresa. A Inteligência Artificial pode otimizar o atendimento oferecido ao público em diferentes aspectos, desde a entrega de uma comunicação mais eficiente, da agilidade em transações finalizadas em tempo real, até em uma personalização ampliada.

Quero finalizar dizendo que, a IA está atualmente presente em tudo, é quase impossível não esbarrar com ela em qualquer segmento nas áreas da economia, da política, da educação, da saúde etc. Quantas operações se fazem hoje no mercado financeiro pela inteligência artificial? A política tem implementado sistemas inteligentes para a execução de processos e inclusive do escrutínio, a educação por sua vez, tem sofisticado seus processos de aprendizagem, utilizando ferramentas de IA para execução de suas tarefas. Na área da saúde, ela tem sido usada com grande sucesso, nas operações, nos diagnósticos, na atuação de máquinas para suporte a pacientes graves, na confecção de próteses e equipamentos para deficiências e até na substituição de órgãos.

Essa tecnologia tem sido muito usada em nossos dias; estamos na chamada era digital, tudo o que fazemos hoje em dia depende dela. Um bom exemplo são os aplicativos, o Marketing digital, o e-comerce, aplicando tecnologia e desenvolvimentos estratégicos no relacionamento com os consumidores proporcionando assim, novos modelos para os negócios. A Inteligência Artificial tem facilitado a identificação de preferências dos consumidores de acordo com os seus hábitos de navegação e consumo, sugerindo os produtos certos e adequados, com base em seus comportamentos.

O homem construindo máquinas, desenvolvidas para pensar, executar e planejar tarefas dos humanos, com a mais notável precisão é sem sombra de dúvidas, uma das melhores representações daquilo que tenho afirmado e das ideias defendidas pela TDI. Esse avanço da ciência da computação, na criação de máquinas que são capazes de executar tarefas a partir de técnicas que simulam todos os sentidos humanos. Máquinas que enxergam, falam, interagindo com o ser humano, percebem aromas, e paladares e identificam coisas pelo tato é a mais precisa amostra de que onde há inteligência, há um criador. Se mostrarmos uma máquina com inteligência artificial, na execução de sua tarefa e dissermos a qualquer pessoa, que ela apareceu do nada, ou que sofreu uma mutação a partir da evolução dos modelos de robôs do passado, sem dúvida, ela nos chamaria de loucos ou débeis mentais. A sua fé no visível, não lhe permitiria pensar diferente do fato lógico de que alguém criara tal máquina. Mas, essa mesma pessoa, quando defende a ideia de uma criação sem um criador é capaz de crê no darwinismo e descartar a figura de um Criador Inteligente, para uma criação tão complexa e perfeita, como já vimos anteriormente.

> **"O simples fato de admitirmos que exista uma criatura com inteligência, nos dá a prova da existência de um Criador Inteligente."**
> *Sílmar.*

Lembro-me de um exemplo que me contaram há uns anos atrás sobre Isaac Newton. Newton tinha um amigo cientista, que defendia a teoria do Big Bang e não acreditava na existência de um Criador. Newton construiu uma maquete do sistema solar, deixou-a dentro de uma enorme sala vazia, no dia seguinte, ao término da sua construção, chamou o amigo e mostrou-lhe a maquete.

Admirado e perplexo, com tanta beleza e perfeição daquela construção, disse: "parabéns, meu amigo!" Ficou simplesmente perfeita! Newton respondeu: — não me Parabenize por isso, não fui eu quem fez, quando abri a porta da sala, ela estava aí, apareceu do nada, afirmou Newton! O seu amigo, com cara de cético, contra argumentou e disse: — Está brincando? Isso não é possível, foi você mesmo quem fez! Então Newton, diz ao amigo: — Perceba como é interessante; você tem fé para crê que eu, uma mera criatura fui capaz de criar uma maquete do original, mas não tem fé para crê que o Criador é o Autor Inteligente desse vasto e complexo sistema solar, o original. Newton naquele momento estava mostrando ao seu amigo, que toda a estrutura da criação não seria possível sem a existência de uma mente que a planejou, um Criador Inteligente.

A partir dessa demonstração, sabemos que só é possível ao homem a percepção da existência, das ações e manifestação da vontade do Criador, através da Inteligência Espiritual (QS).

"Por esta razão, nós também, desde o dia em que o ouvimos, não cessamos de orar por vós e de pedir que sejais cheios do conhecimento da sua vontade, em toda a sabedoria e **inteligência espiritual**" *(Cl. 1:9).*

Vimos que o termo "inteligência" em sua abrangência está relacionado de forma pragmática com tudo. Falamos de um Criador Inteligente, de um Mecanismo Inteligente da Criação, do Sistema Inteligente que coordena o corpo, da Tríplice Inteligência da Alma: a Inteligência Racional (QI), a Inteligência Emocional (QE) e a que defini como a Inteligência da Vontade (IV) que é a faculdade da alma de se manifestar pelas demandas impulsionadas pelas reações químicas que acontecem no mecanismo do corpo e a Inteligência Artificial (IA), presente atualmente em praticamente quase todos os segmentos.

Mas, não para por aí, atualmente, cientistas identificaram outra inteligência chamada de espiritual (QS) que, não tem nada a ver com religiosidade, mas sim com a habilidade de lidar com as questões da vida centradas nas ações do espírito. Na verdade, eles descobriram o que a Bíblia já nos fala que existe, há mais de dois mil anos atrás. A Inteligência Espiritual (QS) já havia sido mencionada pelo apóstolo Paulo na sua carta aos colossenses. (Cl.1:9).

A ciência, em março de 1614, ao completar os estudos sobre o método para determinar o peso do ar, calculando seu peso como mínimo diferente, porém, de zero, concluiu que o ar é de fato cerca de 760 vezes mais leve que a água, e tinha peso, ainda que alguns estudiosos da época

> **"A Bíblia é a única fonte segura de informação que nos dá a certeza da existência do Criador."**
> *Sílmar.*

pensassem, sem nenhum apoio experimental, que o ar não tinha peso algum. Mais uma vez, essa descoberta só deu respaldo ao que a Bíblia já nos informava há mais de quatro mil anos atrás que o ar tinha peso. *"Deus entende o seu caminho, e ele sabe o seu lugar porque ele vê as extremidades da terra; e vê tudo o que há debaixo dos céus. **Quando deu peso ao vento** e tomou a medida das águas"* (Jó.28:23-25). Outro fato controvertido é quanto a forma da terra. O paradigma da terra esférica, apareceu na filosofia grega no século VI a.C. com Pitágoras. Embora a maioria dos filósofos présocráticos defendesse o modelo da terra plana, outros filósofos gregos defendiam o paradigma da esfericidade da terra, assim como os contemporâneos como Einstein e outros. Mas foi há 500 anos da nossa era, que o português Fernão de Magalhães, através da sua famosa expedição marítima, concluiu a primeira volta ao mundo, através da qual observou visualmente que a terra tinha forma esférica. A tese tida como heresia pelos eclesiásticos portugueses e vista com fascinação por astrônomos se transformou em fato comprovado pela circum-navegação de Magalhães que afirmou: — a Terra é realmente redonda! Veja, que há anos o que era apenas especulado pelos filósofos, só teve sua comprovação há 500 anos. Aqui temos outro fato interessante comprovado pela Bíblia há mais de quatro mil anos, pois no livro de Jó, está registrada a expressão de satanás em resposta a pergunta que Deus lhe fizera: *"De onde vens?" "...Vim **de rodear** a terra..."* (Jó.1:7a).

Outra informação que dá base para a afirmativa e constatação de Fernão de Magalhães é quando a Bíblia em Jó, falando dos limites que Deus colocou para as águas diz: *"Traçou um **círculo** à superfície das águas, até aos confins da luz e das trevas" (Jó.26:10).* A palavra hebraica para a tradução na nossa língua à palavra círculo é:

CÍRCULO חוג *chuwg*

1) circundar, rodear, descrever um círculo, traçar um círculo, fazer um círculo;
1a) Circundar, rodear.

Estudiosos identificaram no cérebro humano uma área que deram o nome de **"ponto de Deus"**, responsável por nossas experiências espirituais e a busca por significado e valores para a vida. Essa descoberta, nada mais é que o reconhecimento do que a teologia prega há mais de dois mil anos, que o homem é formado por corpo, alma e espírito. Uma vez que a pessoa é capaz de desenvolver tal parte do

> **"A ciência gastou anos para descobrir fatos que a Bíblia já havia relatado, passíveis de serem comprovados cientificamente."**
> *Silmar*

cérebro, também desenvolve o perdão, sensibilidade, benignidade, compaixão, criatividade, entre outras habilidades.

Destarte, o indivíduo passa a ver e agir não somente de forma emocional ou racional, diante das demandas da vida, mas também de forma espiritual. Essa inteligência foi dita pelo apóstolo Paulo que a associou com o conhecimento da vontade de Deus quando disse: *"Por esta razão, nós também, desde o dia em que o ouvimos, não cessamos de orar por vós e de pedir que sejais cheios do conhecimento da sua vontade, em toda a sabedoria e* **inteligência espiritual***;" (Cl. 1:9).*

Porque será, que todas as vezes que vemos ou lemos algo a respeito do homem, da natureza, do cosmo, etc. só vemos ou ouvimos falar de fatos relacionados a suas razões, emoções, aspirações, seus comportamentos, sua espiritualidade, voltada para a prática religiosa, e nunca vemos ou lemos algo da literatura secular, que associe tais fatos a Deus? Durante anos, a mente humana foi treinada para não admitir a existência de um Deus único, e Criador; ideias provenientes do politeísmo, panteísmo, gnosticismo, dos diversos ramos da filosofia e por fim a ciência, sempre fizeram parte dos ensinamentos passados por homens que pretensiosamente tem seus interesses focados nesse objetivo. Mas, uma pergunta continua buscando as devidas respostas: Como é possível que cientistas, inclusive os renomados, depositem piamente a sua crença no evolucionismo? Talvez seja porque pretensiosamente eles aceitam uma falsa teoria pregando que não há uma verdadeira e legítima para substituí-la, esforçam-se em disseminá-la a fim de que os demais se ajustem a ela dando-a amplo e geral apoio. Daí a falsa teoria terá a sua aceitação no meio científico e demais segmentos, devido os falsos cientistas com suas falsas teses conseguirem dar explicações filosóficas e não a prova concreta dos fatos.

A racionalidade e inteligência humana parecem querer suplantar a inteligência do Criador, mas todas as vezes que homens bem intencionados buscam se aprofundar nos conhecimentos de alguns mistérios relacionados a criação esbarram-se com a clássica argumentação: "quem criou tudo isso?" Uma teoria que tem muito aproximado dessa verdade é a TDI, a qual relatei no capítulo 3 desse livro; ela busca compreender a criação a partir de um Designer Inteligente.

> *"Todo esforço da vertente mal intencionada da ciência, está voltado para tornar excludente a ideia da existência de Deus."*
> Silmar.

A Inteligência Espiritual (QS) é a faculdade dada pelo espírito, para o conhecimento das coisas espirituais, o homem natural, não alcançará essa compreensão, mas somente o homem espiritual, por isso o apóstolo Paulo quando fala dessa inteligência, relaciona-a ao *"conhecimento da vontade de Deus"* e diz que somente ao homem espiritual é facultada essa compreensão. *"Ora, o homem natural não compreende as coisas do Espírito de Deus, porque lhe parecem loucura; e não pode entendê-las, porque elas se discernem espiritualmente" (I Co.2:14).*

Acredito que a confusão existente, está no fato da não compreensão humana de que há uma diferença gritante entre as ações do homem natural e as ações do homem espiritual. Esse só cogita das coisas do espírito, se preocupa essencialmente daquelas que agradam a Deus, e aquele, das que concernem aos desejos e sentimentos da alma.

Às vezes há uma grande confusão nas mentes das pessoas, quando falam das coisas espirituais e misturam suas características, como se fossem todas da mesma estirpe. Sei que essas ações são fruto da tentativa de se pretender eliminar Deus das cenas e dos eventos relacionados às suas vidas. E nessa onda, surgiram diversas vertentes espiritualistas como: Saúde holística e a nova medicina, o movimento da Nova Era, a meditação transcendental, a velha e conhecida astrologia, o movimento de recuperação cultuado pela autoestima, através da psicologia, os cultos aos espíritos guias, os estudos dos OVNIS e outros fenômenos naturais e por fim as velhas argumentações da Criação versos Evolução. Todas essas vertentes espiritualistas apresentam as falsas doutrinas, a fim de trazer enganos as mentes incautas ocultando delas aquilo que verdadeiramente é espiritual. E nesses termos, usam-se muito a expressão: "espiritualidade", para de alguma forma não torná-la uma expressão cristã, mas poder defini-la distintamente desta, designando-a com a marca de algo transcendente, neoreligioso. Tomo como exemplo, o modismo que abarcou o mundo da música, nos anos 60, quando era moda associar as letras e os ritmos, com os temas das religiões orientais principalmente.

> **"O que difere o espiritual daquilo que é espiritualista é que este é politeísta e aquele é teísta admitindo, portanto, a existência de um só Deus."**
>
> *Silmar.*

O que ficou mais conhecido foi o que fizeram os Beatles, a famosa banda dos meninos de Liverpool, formada por John Lennon, Paul McCartney, George Harrison e Ringo Starr, quando buscaram a meditação na índia em Rishikesh, com o guru Maharishi Mahesh Yogi (1968. Outro caso emblemático, aqui do Brasil, também na área da música foi Raul Seixas, que mediante uma parceria que fez com o compositor e escritor Paulo Coelho, que influenciado pelo espiritualismo da filosofia oriental, norteou as letras das músicas pelas veredas místicas e se tornaram adeptos da espiritualidade e aficionados pelos estudos da Lei de Thelema*. Esses clássicos exemplos da associação às filosofias religiosas, provenientes das consideradas religiões sapienciais, são as famosas camuflagens para esconderem suas resistências ao que de fato é espiritual. Termos que parecem se confundir em suas significações, mas pretendo elucidar ao leitor o que penso e defino dos dois termos. Para mim "espiritualidade" é: característica ou qualidade do que tem ou revela intensa atividade religiosa ou mística; religiosidade, misticismo; está relacionada ao politeísmo. Já a expressão espiritual, a sua definição, não tem a ver com religiosidade, com aquilo que é místico, ela é teísta e se encaixa adequadamente na sua definição grega: "Pneumatikos."

ESPIRITUAL πνευματικος(*pneumatikos*)
1) relacionado ao espírito humano, a parte do homem
que é semelhante a Deus e serve como seu instrumento

---

* - **Thelema** (θəˈliːmə) é uma filosofia religiosa baseada em um postulado de mesmo nome, adotado como princípio fundamental por algumas organizações ocultistas, desenvolvida no início de 1900 por Aleister Crowley, um escritor inglês e mago cerimonial. A lei de Thelema é: "Fazes o que tu queres, há de ser todo da Lei."

ou órgão;

2) que pertence ao espírito, ou um ser superior ao ser humano, contudo inferior a Deus;

3) que pertence ao Espírito Divino;

3a) de Deus, o Espírito Santo;

3b) alguém que está cheio e é governado pelo Espírito de Deus.

É comum a todos os intelectuais, que buscam investigar as coisas espirituais, se debandarem por essa vereda; a maioria deles, se tornam adeptos das religiões orientais nepalesas, tibetanas, indianas, chinesas etc. Essas religiões emprestaram as suas doutrinas para os pensamentos filosóficos modernos e tem estampado nas mentes dos incautos, os emblemas da chamada espiritualidade que, de forma disfarçada, quer se apresentar como sendo aquilo que é espiritual. Mas, não é! Portanto, quero pacificar esse entendimento explicando de modo concluso e fácil de entender. Todas as vezes que nos deparamos

> **"A Inteligência Espiritual é uma ação do Espírito em busca da conexão com o Criador, e não da alma que se inclina ao seu desejo devassador".**
> *Silmar.*

com uma filosofia politeísta, mística, panteísta e religiosa, estaremos diante dos atos da "espiritualidade" que satisfazem a "alma", ao passo que quando nos deparamos com a expressão: "espiritual", estaremos diante daquilo que concerne ao espírito do homem, ou essencialmente ao Espírito de Deus.

A Inteligência Espiritual (QS), a que me refiro, não está associada à religiosidade nem dela depende, apesar de alguns psicólogos e filósofos estudiosos entenderem que sim! Eles entendem assim, porque a definem como sendo "a inteligência da alma". Aqui está o ponto confuso; alma e espírito são distintos? posso afirmar que sim! Tomo como fonte de informação a Bíblia. O apóstolo Paulo quando escreve aos Tessalonicenses, diz: *"E o mesmo Deus de paz vos santifique em tudo; e todo o vosso* **espírito, alma, e corpo,** *sejam plenamente conservados irrepreensíveis para a vinda de nosso Senhor Jesus Cristo" (I Ts.5:23).*

Temos aqui a prova cabal de que alma e espírito são bem distintos. Portanto, não devem ser associados com a mesma ação; como falei antes, dos assuntos da alma, cogita o homem natural, já o homem espiritual, das coisas do espírito. Vejamos o que de fato é a alma, qual a sua correta definição? No grego ela é a "psique", e no hebraico "Nephesh", o ser vivo, a pessoa, o homem:

ALMA ψυχη *psuche*
1b) vida;
1c) aquilo no qual há vida;
1c1) ser vivo, alma vivente;

2a) o lugar dos sentimentos, desejos, afeições, aversões (nosso coração, alma etc.);

2b) a alma (humana) na medida em que é constituída por Deus; pelo uso correto da ajuda oferecida por Deus, pode alcançar o seu mais alto fim e eterna bem-aventurança. A alma considerada como um ser moral designado para vida eterna;

2c) a alma como uma essência que difere do corpo e do espírito e não é dissolvida pela morte (distinta de outras partes do corpo).

ALMA נפש *nephesh*

1) alma, ser, vida, criatura, pessoa, apetite, mente, ser vivo, desejo, emoção, paixão;

1a) aquele que respira, a substância ou ser que respira, alma, o ser interior do homem ;

1b) ser vivo (com vida no sangue);

1c) o próprio homem, ser, pessoa ou indivíduo;

1d) lugar dos apetites;

1e) lugar das emoções e paixões;

1f) atividade da mente;

1j) atividade da vontade;

1i) atividade do caráter.

Enquanto a alma é o lugar das emoções, da razão, da vontade, o lugar das mais variadas

> *"O homem natural não compreende as coisas do espírito, porque elas se discernem espiritualmente".*
> *(I Cor.2:14-16)*

definições do apetite e das paixões, o espírito é o lugar da conexão com o divino, o Criador. E essa afirmação nos dá a base para entendermos que essa Inteligência Espiritual (QS) só poderá emanar daqueles que verdadeiramente são espirituais. Para compreendermos essa afirmativa, é mister analisar a partir do começo, da criação do homem.

O Gênese define bem sobre esse assunto e nos dá a base para podermos concluir a nossa análise: *"E formou o Senhor Deus o homem do pó da terra e soprou em seus narizes* **o fôlego** *da vida; e o homem foi feito* **alma vivente"** *(Gn.2:7).* Nessa referência, temos duas palavras a serem avaliadas e consideradas: "fôlego" e "alma vivente". Essa, como diz o termo é a alma, o ser vivo, a pessoa e aquela, o fôlego, na melhor tradução do hebraico é: נשמה **n 'eshamah,** o espírito, o lugar do divino, onde é possível a conexão com a divindade. Com base nesse entendimento, quando o apóstolo Paulo escreveu aos Coríntios, falando de Jesus como o último Adão disse: *"Assim está também escrito: O primeiro homem, Adão, foi feito em alma vivente; o último Adão, em espírito vivificante" (I Co.15:45).* O apóstolo está nos falando, que o primeiro homem, foi feito uma alma vivente, a qual caiu, com a transgressão no Éden, e o último homem, foi enviado do céu, veio de Deus. Por que é importante entendermos essa conexão? O Criador se torna como uma das suas criaturas com o propósito de resgatar a alma caída e dá vida ao espírito que por consequência ficara inativo. Destarte, a partir daí, o homem que era apenas natural, ao aceitar essa redenção, tem a sua conexão do espírito ativada com o seu Criador. Na linguagem aqui aplicada, a criatura mostrada através do Design Inteligente, é reconectada ao Designer Inteligente, o seu Criador.

A Inteligência Espiritual (QS), como disse antes, não está relacionada com a alma, ou a espiritualidade, mas com a sabedoria divina, dela emanam os pontos neuros da conexão espiritual. É preciso entender que não falamos aqui de paixões, de meros sentimentos ou dos desejos, mas das virtudes que nos elevam a uma inteligência superior, aquela que sai do espírito, que nos faz conhecer a vontade do Criador, do Designer Inteligente, Deus. O qual revela a sua vontade pelo seu próprio Espírito, ao espírito do homem. Em sua

> **"Adão, o primeiro homem, tornou-se um ser vivo, mas o último Adão tornou-se o espírito que dá a vida"** *(I Cor.15:45).*

primeira epístola aos coríntios, o apóstolo fala da sabedoria que vem do Espírito, aquela que emana diretamente da fonte, da mente do Designer Inteligente, o Criador, a qual dá o entendimento concreto da sua vontade:

"E eu, irmãos, quando fui ter convosco, anunciando-vos o testemunho de Deus, não fui com **sublimidade de palavras ou de sabedoria**. Porque nada me propus saber entre vós, senão a Jesus Cristo e este crucificado. E eu estive convosco em fraqueza, e em temor, e em grande tremor. A minha palavra e a minha pregação não consistiram em **palavras persuasivas de sabedoria humana**, mas em demonstração do Espírito e de poder, para que a vossa fé não se apoiasse em **sabedoria dos homens**, mas no poder de Deus. Todavia, falamos sabedoria entre os perfeitos; não, porém, **a sabedoria deste mundo**, nem dos príncipes deste mundo, que se aniquilam; mas falamos **a sabedoria de Deus**, oculta em mistério, a qual Deus ordenou antes dos séculos para nossa glória; a qual nenhum dos príncipes deste mundo conheceu; porque, se a conhecessem, nunca crucificariam ao Senhor da glória. (I Cor.2:1-8).

O apóstolo continua seu discurso e nos dá uma preciosa informação, nos esclarecendo que é o Espírito de Deus, a fonte de onde procede a sabedoria. É através dele que nos conectamos ao divino, para o exercício da prática da Inteligência Espiritual (QS), a qual nos dá a capacitação e o discernimento necessário para compararmos àquilo que verdadeiramente é espiritual, com o que de fato é espiritual.

"Mas, como está escrito: As coisas que o olho não viu, e o ouvido não ouviu, e não subiram ao coração do homem são as que Deus preparou para os que o amam. Mas Deus no-las revelou pelo seu Espírito; porque o <u>Espírito penetra todas as coisas, ainda as profundezas de Deus</u>. Porque qual dos homens sabe as coisas do homem, senão o espírito do homem, que nele está? Assim também <u>ninguém sabe as coisas de Deus, senão o Espírito de Deus</u>. Mas nós não recebemos o espírito do mundo, mas o Espírito que provém de Deus, para que pudéssemos conhecer o que nos é dado gratuitamente por Deus. As quais também falamos, **não com palavras de sabedoria humana,** mas com as que o Espírito Santo ensina, comparando as coisas espirituais com as espirituais. (I Co.2:9-13).

Creio que o erro de alguns escritores, psicólogos e filósofos está na pretensão de querer defender a tese que faz apologia a uma inteligência espiritual (QS) exercitada pela alma e não pelo espírito. O fato de não admitir que o homem também seja espírito, leva-os a esse tamanho disparate. O apóstolo é claro em nos dizer que, aquilo que é espiritual,

> *"O funcionamento de uma máquina está condicionado a sua conexão a uma fonte segura de dados, assim é o homem com o seu Criador."*
>
> *Sílmar.*

não é discernido pelo homem natural, ou seja pelos elementos da alma, mas essencialmente pelo espírito que é o canal através do qual somos de fato conectados à mente de Deus, o nosso Criador.

> " Ora, o homem natural não compreende as coisas do Espírito de Deus, porque lhe parecem loucura; e não pode entendê-las, porque elas se discernem espiritualmente. **Mas o que é espiritual discerne bem tudo**, e ele de ninguém é discernido. Porque quem conheceu a mente do Senhor, para que possa instruí-lo? **Mas nós temos a mente de Cristo"** (I Co. 2:14-16).

Assim como a Inteligência Emocional através das habilidades do Autoconhecimento emocional, Capacidade de reconhecer as próprias emoções e sentimentos, controle emocional, automotivação, reconhecimento das emoções em outras pessoas e os relacionamentos interpessoais nos dá a capacidade de administrar as emoções para alcançarmos nossos objetivos, a Inteligência Espiritual (QS) nos dá a capacitação para agirmos com a sabedoria divina, aplicando em nossas ações, atitudes e decisões, práticas que são benéficas para os nossos semelhantes, para nós mesmos e todos os seres a nós correlacionados. Quando o apóstolo Paulo fala: "Mas nós temos a mente de Cristo", está dizendo que passamos por uma mudança, uma transformação, o que no grego chama-se "metanóia".

ARREPENDIMENTO μετανοεω *metanoeo*

1) mudar a mente, arrepender-se;

2) mudar a mente para melhor, emendar de coração e com pesar os pecados passados.

O seu significado em nosso dicionário é: mudança essencial de pensamento ou de caráter; transformação espiritual. Conversão. Tal conversão não se limita a uma mudança de mentalidade, mas também implica mudança de comportamento, de atitude, de maneira de ser e de viver.

É um processo de arrependimento, que nos impulsiona retornarmos à nossa origem, ao contato com o Criador. Daí o porquê a nossa mente se funde à dEle, e passamos a agir como Ele. No meu livro "Vencendo a Depressão com o Fruto do Espírito", falo de exercitarmos as virtudes do Fruto do Espírito como profilaxia contra a depressão e ali afirmo que somente o

> **"A Inteligência Espiritual é um meio que temos para alcançar a Sabedoria Divina e conhecermos plenamente a vontade do nosso Criador."**
> *Sílmar.*

homem espiritual, através da Inteligência Espiritual (QS) consegue esse feito. Por quê? A resposta é óbvia! Só o homem espiritual tem essa conexão e esses elementos disponíveis para tal ação. Um bom exemplo para entendermos claramente está na Inteligência Artificial. Um robô criado para certas tarefas específicas, terá na sua feitura, uma CPU alimentada com todos os dados necessários para produzir tais ações e conforme a grande quantidade de dados, terá sua conexão relacionada a um mega servidor central. Percebe que, sem esses dados e sem essa conexão, ele será apenas um robô inativo, inoperante. Assim acontece conosco, Deus, o Criador, o nosso Designer Inteligente, é o nosso Mega Servidor Central com o qual estamos conectados. Os seus princípios, estatutos, mandamentos, suas instruções, sua Palavra, são os dados que recebemos e temos armazenados na nova mente. Por eles é possível, através da Inteligência Espiritual (QS), agirmos espiritualmente, ação que é impossível ao homem natural ou carnal, que não tem essa conexão ativada.

Uma análise sobre as virtudes do Fruto do Espírito, vai nos elucidar sobre todas as questões que permeiam o nosso relacionamento com Deus, com nós mesmos e com nossos semelhantes. Sem elas é impossível vermos a face do verdadeiro homem espiritual, aquele que pratica ações agradáveis aos olhos do Criador. Elas são nove virtudes (amor, alegria, paz, longanimidade, benignidade, bondade, fé, mansidão e domínio próprio) as quais podem ser divididas em três categorias a saber:

- **PARA DEUS:** Amor, Fé;

- **PARA MIM:** Alegria, Paz e Domínio próprio;

- **PARA MEU PRÓXIMO:** Amor, Longanimidade, Bondade, Benignidade e Mansidão.

Com base nessa informação, sabemos que são virtudes relacionadas ao comportamento humano, ou seja, todas as nossas ações estarão sempre embasadas em algumas delas ou em todas elas. Nota que só será possível a sua aplicação por uma ação altruísta, uma tendência ou uma inclinação de natureza instintiva que incita o ser humano à preocupação com o outro e que, não obstante sua atuação espontânea seja aprimorada pela educação, evitando-se assim a ação antagônica dos instintos naturais do egoísmo. É um Amor ao próximo sem interesses; uma abnegação, a

> **"Cada homem se mostra por aquilo que é. O espiritual pelas virtudes do fruto do Espírito e o Carnal pelas manifestações das obras da carne."**
> *Silmar.*

ação de viver para os outros e demonstrar atos de afeto devido a um grupo de disposições humanas individuais e coletivas. Ato oposto ao egoísmo ou à inclinação ao individualismo.

O homem natural será incapaz de tal prática, pois em sua CPU humana (mente), não existem esses dados, ou existem de forma limitada e corrompida. Ele é por natureza egoísta, em sua CPU humana (mente), os dados existentes estão relacionados com as obras da carne: *"Porque as obras da carne são manifestas, as quais são: prostituição, impureza, lascívia, idolatria, feitiçarias, inimizades, porfias, emulações, iras, pelejas, dissensões, heresias, invejas, homicídios, bebedices, glutonarias e coisas semelhantes a estas, acerca das quais vos declaro, como já antes vos disse, que os que cometem tais coisas não herdarão o Reino de Deus. (Gl.5:19-21).* Todas elas são em grau maior, antagônicas à vontade divina, são altamente prejudiciais ao próximo e a nós mesmos; por essa razão o apóstolo Paulo diz que o homem natural não compreende as coisas do Espírito de Deus, elas lhe parecem loucura; e não pode entendê-las, porque elas se discernem espiritualmente, isso significa dizer, que ele não tem esses dados em sua CPU humana, sua mente, e quando diz que os que tais coisas praticam, não herdarão o Reino de Deus, quer dizer, que essas coisas não pertencem ao Mega Servidor Central, ao Criador, o nosso Designer Inteligente.

Agora que entendemos por essa analogia, fica fácil compreendermos que a Inteligência Espiritual, busca o exercício das virtudes as quais serão aplicadas em todas as nossas ações, sabendo que todas elas ou estão relacionadas ao nosso próximo, ou a Deus e a nós mesmos, e não tem nada a ver com religiosidade ou espiritualidade, mas com o que de fato é espiritual.

Você pode perguntar: mas, o homem natural nunca vai ser capaz de uma boa ação? Digo que sim! Pois ele é no mínimo conhecedor dessas virtudes, mas por vezes, vai praticá-las motivado por um ato de egoísmo. Creio que por isso Deus renovou o mandamento sobre o amor, o qual na Lei de Moisés tinha como parâmetro nós mesmos

> **"O verdadeiro amor é aquele praticado com o parâmetro divino e não aquele que praticamos usando a nós mesmos como parâmetro".**
> *Silmar.*

(ame o próximo como a ti mesmo). Essa ação, embora tivesse o amor, poderia ser praticada com egoísmo. Daí vem Jesus e diz: "Novo mandamento vos dou, que vos ameis uns aos outros assim como eu vos amei". Nota que o Criador, nosso Designer Inteligente, muda o parâmetro, o qual deixa de ser o parâmetro do próprio homem, para ser o do seu Criador. Deu-nos um parâmetro Divino. Na analogia que apresentei anteriormente é como se a CPU (mente) do homem natural tivesse esses dados, mas com certa limitação e corrompidos, em sua natureza, com incapacidade de efetuar os comandos. Por isso, seria incapaz de praticar os seus atos com plenitude.

Outra pergunta seria: Então, você quer dizer que todas as ações do homem espiritual serão boas? Digo que sim! Pois é impossível alguém está agindo espiritualmente e não está fazendo conforme a vontade de Deus. Mas, é importante salientar que diferente dos robôs, que têm somente banco de dados nós temos a liberdade de escolha, o chamado "livre arbítrio". Embora a metanóia nos desse a possibilidade de uma transformação, Paulo também explica que a natureza carnal, o homem natural não se extinguiu de nós, ainda está dentro de nós, por isso ele fala da luta constante que há dentro do homem, a luta da carne e do espírito. *"Digo, porém: Andai em Espírito e não cumprireis a concupiscência da carne. Porque a carne cobiça contra o Espírito, e o Espírito, contra a carne; e estes opõem-se um ao outro; para que não façais o que quereis"* (Gl.5:16-17). O apóstolo nos alerta que por natureza gostamos de fazer as coisas ruins, opostas as coisas que o Espírito nos direciona a fazer, aquelas boas coisas que fazemos quando somos dominados por Ele as quais são exatamente o oposto dos desejos naturais. Essas duas forças dentro de nós estão sempre lutando uma contra a outra, a fim de ganhar o domínio sobre nós, e os nossos desejos nunca estão livres de suas pressões. Por isso, a ordem do Criador é: "andai em Espírito e não farás os desejos da carne". Isso é o mesmo que ser espiritual. Talvez você já ouvisse falar de "crentes carnais", essa é uma expressão muito usual no meio evangélico e fora dele, referem-se aqueles que se dizem crentes, mas agem com total carnalidade quando precisam se defender. A explicação mais plausível está no entendimento que eu expliquei no meu livro "Vencendo a Depressão com o Fruto do Espírito", quando falo dos tipos de homens que há dentro de nós e a atitude carnal é a ação do homem natural quando se vale das obras da carne. Ação completamente oposta as atitudes do homem espiritual.

> **"Através da Inteligência Espiritual é possível mesmo em meio às incertezas, fazermos as escolhas certas".**
> *Silmar.*

Quero chamar a atenção do leitor, para o que o apóstolo nos orienta no versículo 16; ele nos aconselha a obedecermos as instruções do Espírito Santo, fazendo isso, não estaremos fazendo o que é errado, aquilo que a natureza pecaminosa quer que façamos. Acredito que aqui temos o segredo da ação pragmática da Inteligência Espiritual (QS). Embora temos outra natureza que peleja dentro de nós, contra a natureza espiritual, poderemos através das ações impetradas pela Inteligência Espiritual (QS), fazermos as escolhas certas e para tanto, duas virtudes são necessárias: "mansidão" e "domínio próprio", elas darão conta de deter a velha natureza e nos dá a aptidão para agirmos da forma correta. Se tal escolha estiver relacionada com o meu próximo, o amor, a bondade, a benignidade e a longanimidade, serão as virtudes necessárias executadas pela Inteligência Espiritual (QS) para que as minhas ações sejam boas. Quanto ao Criador, o nosso Designer Inteligente, duas são as virtudes separadas para o nosso relacionamento com Ele: O amor e a fé. Não é por acaso que o primeiro mandamento é: "Amar a Deus sobre todas as coisas" e quando o apóstolo Paulo fala do nosso relacionamento com o nosso Criador, diz que sem fé é impossível agradá-lo. Portanto, são essas as virtudes que podemos executar através da Inteligência Espiritual (QS) para nos relacionar com o nosso Deus, nosso Designer Inteligente. Uma das maiores ações da QS, é capacitar o indivíduo às opções altruístas, uma vez que somos egoístas por natureza.

A sociedade, composta de homens e mulheres em seu estado bruto (natural), na essência é egoísta, egocentrista e materialista. Somente por essa Inteligência, a (QS), será possível transformá-la a partir da mudança de cada indivíduo, somando-se assim, um todo espiritualmente modificado pela transformação na sua própria essência. Com base nesse pensamento, a Bíblia nos dá uma dica preciosa, quando nos desafia a não tomarmos a forma do mundo, que nada mais é não continuarmos sendo o que de fato éramos antes de termos o conhecimento daquilo que é espiritual. Em sua epístola aos romanos o apóstolo Paulo diz: *"E não vos conformeis com esse mundo, mas transformais-vos pela renovação da vossa*

> **"A Inteligência Espiritual é que nos conduz as opções altruístas, por sermos por natureza, egoístas."**
> *Sílmar.*

mente, para que podeis experimentar qual seja a boa, perfeita e agradável vontade de Deus para as vossas vidas" *(Rm.12:2)*. É de fato, um grande desafio, mas não impossível, nota que aqui o apóstolo nos fala da mente renovada, aquela que recebemos de Deus, quando tivemos o encontro com Ele e passamos a ser homens

"Pneumatikos", espirituais. Por que o apóstolo insiste em termos que experimentar a vontade de Deus? Temos aqui, o óbvio! A vontade de Deus é boa, perfeita e agradável, bem superior a nossa vontade, a qual, julgo ser aparentemente agradável. Um exemplo que cai bem, é de um homem quando fabrica uma máquina para um determinado fim; tomando por base esse exemplo, vamos concluir que ele a fez, para que a máquina desempenhasse uma tarefa que ele quer que ela desempenhe. Portanto, não existe por lógica, nenhuma criação que não seja fruto da vontade do seu criador e ainda que ela esteja fazendo algo que quer e goste dentro das diretrizes colocadas por ele, estará fazendo essencialmente a vontade dele e não a sua própria, isto é a vontade da obra criada.

Quando entendemos a importância da Inteligência Espiritual (QS), percebemos que vivemos em um mundo tão materialista e egoísta, que todas as suas diretrizes, conspiram todo o tempo contra a verdadeira sabedoria, por isso o pregador em provérbios, quando nos fala dela diz: *"Aceitem a minha disciplina, e não o dinheiro; prefiram o conhecimento, em lugar do ouro, porque a Sabedoria vale mais do que as pérolas, e nenhuma joia se compara a ela"* *(Pv.8:10-11).* A Inteligência Espiritual (QS) nos capacita a fazermos esses cálculos e nos dará os balizadores necessários para tomarmos as decisões mais sensatas. Um dos maiores dilemas da vida são os eventos que passamos e que por vezes nos causam dor e sofrimento, muitos se perdem nesse trajeto e acabam tomando as decisões que comprometem para sempre as suas vidas. O apelo da sabedoria quer muitas vezes nos levar para a direção certa, mas as forças contrárias em nossa alma, muitas vezes querem ser mais fortes e nessa "queda de braço", podemos ser derrotados no espírito, por não usarmos a Inteligência Espiritual (QS). Ela é que nos capacitará a praticarmos as ações certas e mitigarmos os sofrimentos em meio as lutas e contradições da vida. Só é possível ser espiritualmente inteligente em momentos de dor e incerteza, quando a Inteligência Espiritual (QS) estiver atuante em nosso espírito, fora disso, o campo de batalha estará plenamente favorável as obras da carne e a derrota será certeira.

> **"Jesus é a única referência que se eternizou na história. Qualquer registro histórico começa antes dEle e depois dEle".**
>
> *Sílmar.*

Quando avaliamos as relações interpessoais, é fácil entendermos que grande parte de todos os seus conflitos estão diretamente relacionados com o egocentrismo com o qual as pessoas fazem a gestão de seus relacionamentos, isso é algo natural, porque dentro da alma humana há uma gama de obras da carne, que dá as pessoas os expedientes necessários para tal. Mas, também há um fruto do Espírito, cheio de virtudes para contrariar essas obras da carne. Se agirmos nesse momento, com Inteligência Espiritual (QS) é possível sabermos o que devemos fazer, uma vez que, é ela que nos elevará aos níveis de sabedoria, nas interações pessoais nos dando visão da necessidade do outro e não em primeiro lugar a nossa própria necessidade. Creio não ser por acaso que o Criador nos dá uma preciosa informação quando diz: *"... mais bem aventurada coisas é dar do que receber"* (At.20:35b). O desejo de servir emana da alma que uma vez dominada pelo espírito, se prontifica a praticá-lo e somente a Inteligência Espiritual (QS) poderá levar alguém a esse nobre desejo.

É comum nas empresas em seus segmentos, falar de "gestão de pessoas". Sei que para quem lidera não é uma tarefa fácil, uma vez que estará lidando com pessoas com os mais variados caráteres e comportamentos. O que é crucial para um líder nessa empreitada é, está sempre motivado; embora ele seja também humano com todas as virtudes, defeitos, necessidades e carências que qualquer um tem. Se o líder for alguém que tenha passado pela experiência espiritual do conhecimento da vontade do seu Criador, e se valer dos ensinamentos da verdadeira sabedoria, ele perceberá que a QS, é a ferramenta eficaz que lhe abrirá a caixa da motivação. Pois o líder que domina bem as entradas e saídas das experiências interpessoais, certamente estará motivado com a carga necessária, para que essas relações sejam bem conduzidas e sem dúvida, alcançará os resultados que lhe dará condições para efetivar as suas entregas.

Há psicólogos e filósofos que afirmam que a geração atual perdeu o sentido das formas de vida legadas pela tradição, pregando com isso, que o nosso mundo hodierno está cheio de pessoas perdidas em

> **"O espiritualismo prega que temos poucos deuses e, portanto, pouca referência. A Inteligência Espiritual nos faz entender que precisamos somente de um. A nossa única referência, Jesus."**
>
> *Sílmar.*

seus cultos e sentimentos, afirmam que, de certo modo perdemos as referências, diz que temos poucos deuses e poucos exemplos na sociedade para firmarmos as nossas bases e convicções espirituais. Tomam como exemplo, os vultos históricos que passaram por nosso século, que deixaram os seus legados e não existem mais, como: Martin Luther King Jr. o grande líder pacifista que lutou incessantemente pelos princípios de liberdade e igualdade, e pelos direitos civis na América. A sua vida e o seu trabalho simbolizam hoje a busca de igualdade e não discriminação que se encontram na essência do sonho americano; a princesa Diana e sua luta contra as minas terrestres. Para promover suas ideias do quanto as minas terrestres causavam de prejuízos à humanidade, ela viajou para África, em janeiro de 1997, trabalhando como uma voluntária do Comitê Internacional da Cruz Vermelha, ficando conhecida como a embaixatriz da causa; Mahatma Gandhi (1869-1948) líder pacifista indiano principal personalidade da independência da Índia, então colônia britânica. Ganhou destaque na luta contra os ingleses por meio de seu projeto de não violência e ficou conhecido mundialmente como o homem que lutava por sua causa sem armas mostrando que desse modo também é possível propor uma resistência e conquistar seus objetivos.

Afirmam esses filósofos e psicólogos, que não existindo mais essas referências, apenas os seus legados não é o suficiente para manter as gerações futuras, portanto, na sua ausência o homem de hoje, busca sentido em si mesmo, ou seja, tenta compensar essa carência dando relevância ao eu individual, as suas ambições pessoais e as suas próprias necessidades.

A apologia feita pela filosofia e pela psicologia, no tocante a esses modelos e referências, está firmada no fato que o homem natural não consegue discernir o que é espiritual; de fato a alma humana irá dar a ele a chave que lhe abrirá um universo de falsas necessidades e mesmo que esse homem seja alguém bem sucedido e que já tenha conseguido ou conquistado tudo o que pretendia, estará diante do vazio, pois não buscou a verdadeira referência, que é a essência da vida, Deus. O Criador se dispôs a nos enviar o seu filho, a fim de que pudéssemos ter uma referência humana de alguém que se disporia a fazer cem por cento a sua vontade. O apóstolo João registra em seu evangelho: *"No princípio, era o Verbo, e o Verbo estava com Deus, e o Verbo era Deus. Ele estava no princípio com*

> **"A maior estupidez é o homem presumir que possa viver ausente do seu Criador, uma vez que a presença dEle está em toda parte. Pela Inteligência Espiritual é fácil percebê-la."**
>
> *Sílmar*

Deus. Todas as coisas foram feitas por ele, e sem ele nada do que foi feito se fez. Nele, estava a vida e a vida era a luz dos homens; e a luz resplandece nas trevas, e as trevas não a compreenderam" (Jo.1:1-5). Aqui temos a maior referência humana que o mundo jamais viu e que diferente das referências mencionadas pela ciência, filosofia e psicologia, o seu legado ficou para sua posteridade; hoje ele é lembrado mundialmente e a própria história se desdobra antes dele e depois dele. O apóstolo João continua a sua narrativa e diz: *"E o Verbo se fez carne e habitou entre nós, e vimos a sua glória, como a glória do Unigênito do Pai, cheio de graça e de verdade"* *(Jo.1:14)*. O que poderíamos ter de melhor? Nem Luther King, Diana ou Gandhi, tiveram os seus legados preservados na história, com certeza os seus exemplos serão esquecidos nas próximas gerações, assim como a nossa geração não conhece mais os legados das gerações anteriores. Mas com respeito ao Verbo da Vida, esse permanece para sempre. Na sua primeira carta o mesmo apóstolo conta a sua experiência pessoal e diz: *"O que era desde o princípio, o que vimos com os nossos olhos, o que temos contemplado, e as nossas mãos tocaram da Palavra da vida (porque a vida foi manifestada, e nós a vimos, e testificamos dela, e vos anunciamos a vida eterna, que estava com o Pai e nos foi manifestada)"* *(I Jo.1:1-2)*.

Portanto, ainda que filósofos e psicólogos tentem suprimir essa referência, não conseguirão; ela está registrada na história e o ponto chave dessa argumentação que os fizeram entender que essa importância e relevância dadas ao eu individual, a falta de deuses e de algumas referências está centrado na falta de conhecimento da verdadeira referência e do verdadeiro Deus. Basta atentarem para o que está dito na carta aos Hebreus: *"Portanto, nós também, pois, que estamos rodeados de uma tão grande nuvem de testemunhas, deixemos todo embaraço e o pecado que tão de perto nos rodeia e corramos, com paciência, a carreira que nos está proposta, <u>olhando para Jesus, autor e consumador da fé</u>, o qual, pelo gozo que lhe estava proposto, suportou a cruz, desprezando a afronta, e assentou-se à destra do trono de Deus"* *(Hb.12:1-2)*. Essa é categoricamente, mais uma ação possível somente pela percepção do espírito; a alma indubitavelmente não terá condições de impetrar tal ação. A

> **"A Inteligência Espiritual nos mostra o caminho da sabedoria e esta, por sua vez nos conduz as decisões certas."**
>
> *Sílmar.*

inteligência Espiritual (QS) será com certeza o canal que poderá levar o homem a essa percepção. Não se trata de ações da espiritualidade ou de qualquer esforço da meditação transcendental, ou das suas manifestações espiritualistas e ainda de qualquer culto holístico. Trata-se de ser ou não ser espiritual e ter ou não ter a Divina Sabedoria.

É comum ouvirmos falar que alguém é "culto" e por vezes que é "inteligente", são estados distintos do intelecto. Um se refere à "cultura" que possui uma pessoa, adquirida pelo conhecimento e aprendizado e o outro, relacionado com capacidade de compreender e resolver novos problemas e conflitos e de adaptar-se as novas situações, uma característica que pode ser medida e quantificada.

Os inteligentes são aqueles solucionadores de problemas, mas o sábio é o que os previne, e tem coragem de reconhecer os seus erros e com eles, busca o aprendizado, para depois transformá-los em acertos.

Inteligência e sabedoria são distintas. A inteligência nos capacita a sermos operosos, com o conhecimento que temos para tomarmos as decisões. Portanto, para utilizarmos o conhecimento adquirido, não é bastante que sejamos só inteligentes, mas requer que tenhamos sabedoria. Uma pessoa que tem qualidade de sabedor, que tem ciência e razão, é prudente, e age com sensatez, é qualificada como alguém que tem sabedoria.

Já aquela pessoa vista como expert, aquele que tem habilidades para fazer, para operacionalizar e arquitetar, é alguém que apenas tem inteligência, por isso diz-se que até aqueles reconhecidos como inteligentes, podem não dispor de grandes conhecimentos.

A sabedoria tem origem imaterial e não está ligada a parte cerebral, mental e física porque é uma capacidade que está ligada à consciência da alma e da parte espiritual conectada com o aprendizado do espírito e sua relação com o universo e o seu Criador. Digo, "o seu Criador", porque a sabedoria pode ser definida em dois níveis, o nível da capacidade humana, adquirida pelo esforço, pela compreensão e pela intelectualidade da pessoa (homem natural) e o nível da capacidade espiritual, adquirida pela busca da sua relação com o Espírito Divino.

> **"Com a sabedoria se faz a justiça e pela Inteligência Espiritual se acha o caminho que conduz a ela."**
> *Silmar.*

Um bom exemplo é o rei Salomão, o qual ainda jovem é designado para governar em Israel no lugar do do seu pai Davi que, já velho, sabendo que o reino de Israel deveria passar para o seu sucessor, designa um dos seus filhos para governar o povo.

Salomão vendo que aquela governança era complexa e por demais laboriosa entende que jamais poderia fazê-la com esforços humanos. O rei, assim como o seu pai tinha um bom relacionamento com Deus; a Bíblia diz:

> "Em Gibeão apareceu o Senhor a Salomão de noite em sonhos, e disse-lhe: Pede o que queres que eu te dê. Salomão respondeu: O Senhor usou de grande benevolência, foi maravilhosamente bondoso para meu pai Davi, porque ele foi um servo honesto, verdadeiro, e fiel ao Senhor, e obedeceu aos seus mandamentos. E o Senhor continuou a mostrar grande amor por ele, dando-lhe um filho para ficar em seu lugar. Ó Senhor meu Deus, o Senhor agora me fez rei em lugar de meu pai Davi, mas eu sou como uma criança, que não sabe andar sozinha. E aqui estou eu no meio do Seu povo escolhido, uma nação tão grande, com tanta gente quase impossível de se poder contar!" (I Rs.5:8).

O rei então, usa a sua inteligência espiritual, ele sabia que é o Senhor quem dá a sabedoria e que é da sua boca que vem a compreensão e a verdade (Pv.2:6), e naquele momento toma a decisão certa; em vez de pedir a Deus riquezas, mulheres, palácios, a vida dos seus inimigos, habilidades para a guerra etc. responde:

> "A teu servo, pois, dá um coração entendido para julgar a teu povo, para que prudentemente discirna entre o bem e o mal; porque quem poderia julgar a esse tão grande povo?" (I Rs.3:9).

A Bíblia registra que esta palavra pareceu boa aos olhos do Senhor que, Salomão pedisse esta coisa. E disse-lhe Deus:

> "Porquanto pediste esta coisa e não pediste para ti riquezas, nem pediste a vida de teus inimigos, mas me pediste para ti entendimento, para ouvir causas de juízo; farei segundo as tuas palavras, dar-te-ei um coração tão sábio e entendido, que antes de ti, igual não houve, e depois de ti igual não haverá. E também até o que não pediste te darei, assim riquezas como glória; e não haverá ninguém entre os reis, por todos os teus dias igual a ti. E, se andares nos meus caminhos guardando os meus estatutos e os meus mandamentos, como andou Davi, teu pai, também eu prolongarei os teus dias" (I Rs.3:10-14).

> **"Desde os tempos mais remotos, homens ímpios tentam provar a inexistência de Deus. Mas, a própria existência deles já prova que de fato Deus existe."**
> *Silmar.*

Não demorou, para que o rei experimentasse aplicar a sabedoria que o Senhor havia lhe dado.

"Então, vieram duas mulheres prostitutas ao rei e se puseram perante ele. E disse-lhe uma das mulheres: Ah! Senhor meu, eu e esta mulher moramos numa casa; e tive um filho, morando com ela naquela casa. E sucedeu que, ao terceiro dia depois do meu parto, também esta mulher teve um filho; estávamos juntas, estranho nenhum estava conosco na casa, senão nós ambas naquela casa. E de noite morreu o filho desta mulher, porquanto se deitara sobre ele. E levantou-se à meia-noite, e me tirou a meu filho do meu lado, enquanto dormia, e o deitou no seu seio, e a seu filho morto deitou no meu seio. Quando me levantei, logo pela manhã, para dar de mamar a meu filho, eis que estava morto; mas, atentando-me para ele, vi que não era de fato o meu filho. Então, disse a outra mulher: Não! O vivo é o meu filho, e aquele que está morto, o teu filho. Porém esta disse: Não! Por certo, o morto é teu filho, e meu filho, esse que está vivo. O rei avaliando a situação, disse: Esta diz: Este que vive é meu filho, e teu filho, o morto; e esta outra diz: Não, por certo; o morto é o teu filho, e o meu filho, o vivo" (I Rs.3:16-23).

Perceba, que não é uma decisão fácil, não havia testemunhas, como decidir com justiça em um caso assim? Caro leitor, temos aqui o mais notável exemplo da sabedoria divina adquirida pela Inteligência Espiritual (QS).

"Disse mais o rei: Trazei-me uma espada. E trouxeram uma espada diante do rei, que decidiu: Divida em duas partes o menino vivo e dai metade a uma e metade a outra. Mas a mulher cujo filho era o vivo falou ao rei (porque o seu coração se lhe enterneceu por seu filho) e disse: Ah! Senhor meu, dai-lhe o menino vivo e de modo nenhum o mateis. Porém a outra dizia: Nem teu nem meu seja; dividi-o ao meio! Haveria por ventura uma melhor maneira de encontrar a mãe verdadeira, senão ameaçando liquidar a vida de seu filho? Então, respondeu o rei e disse: Dai a esta o menino vivo e de maneira nenhuma o mateis, ela é a verdadeira mãe. A noticia da decisão do rei se espalhou depressa por todo o país, e todas as pessoas ficaram admiradas, quando reconheceram a grande sabedoria que o Senhor Deus havia lhe dado para fazer justiça" (I Rs.3:24-28).

> **"Quando o homem se inclina para os desejos da alma, nesciamente perde a noção dos valores. Só a Inteligência Espiritual poderá trazê-lo a sensatez."**
>
> *Silmar.*

Era tão descomunal a sua sabedoria, que sua fama se espalhou e chegou a todas as nações e o mais notável dos testemunhos que temos é o testemunho da rainha de Sabá, a qual ouvindo falar do rei Salomão, organizou uma comitiva e foi conhecê-lo; esse foi o seu testemunho: *"E disse ao rei: Foi verdade a palavra que ouvi na minha terra, das tuas coisas e da tua sabedoria. E eu não cria naquelas palavras, até que vim, e os meus olhos o viram; eis que não me disseram metade; sobrepujaste em sabedoria e bens a fama que ouvi" (I Rs.10:6-7).*

Certamente muitos casos foram desvendados e resolvidos pela sabedoria que o rei recebera do Senhor. Mas, também, a Bíblia registra que o fim de Salomão não foi bom. O rei não permaneceu no conselho do seu pai Davi e nem observou o conselho de Deus. Veja o que disse Davi: *"Eu vou para onde devem ir algum dia todos os homens que estão na terra. Espero que você seja um sucessor forte e merecedor de toda a confiança. Obedeça às leis de Deus, e siga todos os caminhos que Ele manda seguir; guarde todos os mandamentos divinos escritos na lei de Moisés, de modo que você seja bem sucedido em tudo quanto fizer, e por onde quer que vá" (I Rs.2:2-3).* Nota que esse conselho não difere do que Deus dissera a Salomão, a tônica é a mesma. *"E, se tu andares perante mim como andou Davi, teu pai, com inteireza de coração e com sinceridade, para fazeres segundo tudo o que te mandei e guardares os meus estatutos e os meus juízos, então, confirmarei o trono de teu reino sobre Israel para sempre, como falei acerca de Davi, teu pai, dizendo: Não te faltará varão sobre o trono de Israel" (I Rs.9:4-5).*

Havia uma determinação do Senhor, que os filhos de Israel não se misturassem com mulheres de outras nações, por casamentos, coisa que Salomão fez sem nenhum temor, Ele teve setecentas esposas, e além dessas ainda teve trezentas concubinas; sem dúvida, elas conseguiram que o rei desviasse o seu coração do Senhor. *"Especialmente quando ele ficou velho. Elas conseguiram que ele adorasse os deuses delas em vez de se dedicar completamente ao Senhor, conforme seu pai Davi se havia dedicado de todo o coração. Salomão adorou a Astarote, a deusa dos sidônios, e a Milcom, o terrível deus dos amonitas. Dessa maneira Salomão fez o que era completamente errado e não quis mais saber de seguir ao Senhor, como*

> **"Fazer a vontade do Criador é a única possibilidade que tem a criatura, de uma vida com acertos"**
>
> *Sílmar.*

seu pai Davi seguiu." (I Rs.11:4-6). Salomão chegou a construir um templo no Monte das Oliveiras, do outro lado do vale de Jerusalém, para o deus Camós, o deus imoral de Moabe, e outro para Moloque, o deus perverso dos amonitas e construiu templos para essas esposas estrangeiras, onde elas podiam queimar incenso e oferecer sacrifícios aos seus deuses.

O Senhor ficou muito aborrecido com Salomão por

causa destas coisas, pois agora Salomão não se interessava mais pelo Senhor Deus de Israel, que apareceu para ele cerca de duas vezes, a fim de avisá-lo especialmente contra a adoração a outros deuses. Porém ele não quis atender; por isso o Senhor disse a ele: *"Já que você não cumpriu o nosso acordo e não obedeceu às minhas leis, vou dividir o reino; você e sua família vão ficar sem ele, porque Eu o darei a outro homem" (I Rs.2:15).* Quero que o leitor atente para o que escrevi, quando falei da insistência do homem ímpio em tornar excludente a ideia da existência de Deus. Historicamente vemos esse fato catalogado, e aqui no caso de Salomão, não foi diferente, e é até pior, visto que esse homem adquiriu do Senhor uma sabedoria tal, que o próprio Senhor havia dito que antes e depois dele, não haveria ninguém igual. O rei fez a sua escolha, deixou de agir com a Sabedoria Divina, adquirida pela Inteligência Espiritual (QS) e preferiu a sabedoria e inteligência da alma e fez o contrário a que determinava a vontade do seu Criador.

Dessa história, podemos verificar tanto o bom, como o mau exemplo, dela podemos constatar, aquilo que tenho dito, temos em nós os dois homens. O natural e o espiritual, cabe a nós mesmos, saber a qual desses homens deixaremos viver. Perceba que, no início do seu reinado, Salomão usou muito a Inteligência Espiritual (QS), ele se sintonizou com a mente do seu Criador, buscou dele a Sabedoria Divina, tanto para que pudesse governar, como para fazer a sua vontade. Mas, no momento em que o homem natural começou a se projetar em sua vida, ele perdeu a clara noção dos seus valores e a partir de então, as suas ações foram conduzidas fora da vontade de Deus. São fatos como esses, que nos prova que a Inteligência Espiritual (QS) não tem nada a ver com a alma e a espiritualidade, mas com o fator espiritual o "Pneuma", relacionado ao homem espiritual, o "Pneumatikos", a sua ligação está diretamente relacionada a fonte, ao Criador. É dele que emana a verdadeira sabedoria, como disse o próprio Salomão quando escreveu o livro de provérbios: *"Porque o Senhor dá a sabedoria, e da sua boca vem o conhecimento e o entendimento. Ele reserva a verdadeira sabedoria para*

> **"Aquele que não conhece a Palavra de Deus, desconhece a sua vontade. Não será, portanto, capaz de executá-la"**
> *Silmar.*

os retos; escudo é para os que caminham na sinceridade, para que guarde as veredas do juízo e conserve o caminho dos seus santos. Então, entenderás justiça, e juízo, e equidade, e todas as boas veredas. Porquanto a sabedoria entrará no teu coração, e o conhecimento será suave à tua alma. O bom siso te guardará, e a inteligência te conservará" (Pv.2:6-11). Vivemos em uma época em que muito se fala sobre felicidade, posso afirmar sem medo de errar, que a verdadeira felicidade está relacionada a quantidade de acertos que somamos para nossas vidas; e só mediante a Inteligência Espiritual (QS), podemos adquirir a sabedoria que nos capacitará para as decisões certeiras, isso se admitirmos que o real significado de felicidade seja: "qualidade ou estado de feliz; estado de uma consciência plenamente satisfeita; que alcançou contentamento e o bem-estar". Alguém feliz é alguém realizado, que alcançou satisfatoriamente os seus objetivos e o caminho para se chegar a esse alvo, é fazendo a vontade de Deus. O salmista afirma que há muitas bênçãos para aquele que ama e obedece ao Senhor e anda sempre nos seus caminhos e diz: *"Pois comerás do trabalho das tuas mãos; <u>feliz serás e te irás bem</u>" (Sl.128:2).* O alcance dessa felicidade é fruto das ações impetradas com a Sabedoria Divina, a qual só pode ser encontrada com a Inteligência Espiritual (QS) e outra vez, afirmo, isso não é uma ação da alma, mas do espírito. Não é uma investida do homem natural, mas do homem espiritual, daquele que entende as coisas do espírito, as quais se discernem pelo espírito.

Quando falei da inteligência artificial, mostrei que o seu funcionamento se dá a partir de dados inseridos nas máquinas e através das linguagens, elas fazem a leitura para a compreensão das tarefas a serem desenvolvidas. Nesse exemplo, temos a figura de uma criação (uma máquina), com inteligência artificial e do seu criador, o qual inseriu nela informações que lhe dão a capacidade de efetuar a tarefa que ele deseja, ou seja, em outras palavras, de fazer exatamente aquilo que ele quer que ela faça. Até agora, não ouvimos falar de uma máquina que tenha rebelado ou conspirado contra o seu criador, deixando de fazer a sua vontade. Casos assim, só vemos na ficção, embora acredito que no futuro isso venha a ser uma possibilidade. Quero que o leitor considere que, aqui temos dois fatores muito importantes a serem observados: A pessoa de um criador, por trás da criação e a obra criada programada para executar a sua vontade. Todas as vezes que nos deparamos com esse binômio, criador-criatura é impossível não termos a presença desses dois fatores.

> **"Fazer o bem em vez de revidar com o mal é próprio de quem pratica a Inteligência Espiritual"**
>
> *Silmar.*

Esse exemplo é análogo ao que vamos expor a seguir, nós somos as criaturas, incluindo o cosmo, o ecossistema, enfim, todo o universo, Deus é o Criador. Em especial nós, seres humanos fomos criados para o louvor da sua glória, e para executarmos plenamente a sua vontade. Mas, infelizmente não somos como as máquinas; seus criadores as alimentam com os dados e elas executam as tarefas desejadas; e no nosso caso, o Criador nos deu todos os dados, mas também nos deu a liberdade para escolher consultá-los ou não. Quando lemos Cl.3:16, que diz: *"Habite ricamente em vós a palavra de Cristo."*, percebemos que há aqui, uma sugestão, um conselho do Criador em que escolhamos tê-la dentro de nós, e a finalidade vem em seguida: *"... instruí-vos e aconselhai-vos mutuamente em toda a sabedoria..."* Nesses termos, temos dois imperativos, voltados para o relacionamento com o próximo, o meu irmão. E para com Deus. "Escondi *a tua palavra no meu coração, para não pecar contra ti" (Sl.119:11).* E para mim. *"Se a tua lei não fora toda a minha recreação, a muito que teria perecido na minha angústia" (Sl.119:92).*

Sabe por que as máquinas executam bem e com precisão as tarefas que lhes são ordenadas? Elas fazem o reconhecimento dos dados nelas inseridos, através da inteligência artificial pela leitura executada com a

Machine Learning ou Deep Learning e ainda pela PLN e assim, se fazem conhecedoras da vontade do seu criador e executam a tarefa que lhe foi delegada. Caro leitor, assim deveria ser conosco, mas infelizmente não é assim que acontece. É comum inclusive a existência de crentes, pessoas que dizem crer em Deus, serem seus filhos, mas não vivem conforme a sua vontade. Aliás, nem mesmo a conhece, pois as igrejas estão cheias de crentes velhos na fé, que nem sequer conseguiram em todo o seu tempo de conversão ler toda a Bíblia. Entenda! A Bíblia sendo a Palavra de Deus, é justamente nela que estão contidas todas as informações acerca da vontade dEle; Se alguém que diz ser crente, um filho de Deus, e nunca a leu toda, é evidente que esse indivíduo não conhece a vontade de Deus, e se a desconhece, é impossível executá-la e muito mais difícil será o exercício da Inteligência Espiritual (QS). Por isso é comum encontrarmos aos montes, os chamados crentes carnais, aqueles que se valem das obras da carne, para sua defesa própria, obras essas, as quais nem se precisa conhecer, para praticá-las, elas já estão impregnadas

> *"Para Jesus, a vontade de Deus era mais importante que as suas necessidades mais primordiais"*
>
> Silmar.

dentro da velha natureza humana como as raízes de uma árvore, como no caso das máquinas, elas são dados já inseridos nessa velha natureza. Mas, quando falamos das virtudes do Fruto do Espírito, essas sim! Precisam ser conhecidas, exercitadas, alimentadas. A Inteligência Espiritual (QS) é a conexão neural espiritual, que pode nos levar a elas para adquirimos a sabedoria que, poderá nos levar ao pleno conhecimento da vontade do nosso Criador.

Quantas vezes, somos tentados e temos a nossa alma agredida a tal ponto de poder ser corrompida, e nessas investidas, quantos não se perdem? O apóstolo Pedro, orientado pelo Pai Celeste, o nosso Criador, nos orienta, que como peregrinos e forasteiros que somos devemos nos abster das concupiscências carnais que combatem contra a nossa alma, e diz que devemos ter um modo de viver honesto, para que naquilo que falarem mal de nós, como malfeitores, glorifiquem a Deus no dia da visitação, pelas nossas boas obras.

Observo às vezes, alguns que se declaram crentes e tem dificuldades em sujeitar as autoridades, muitos até, como falei antes, por não conhecerem na íntegra o que diz a Palavra sobre tal assunto. Veja o que o apóstolo Pedro escreveu:

"Sujeitai-vos a toda autoridade humana por amor do Senhor, quer ao rei, como soberano, quer aos governadores, como por ele enviados para castigo dos malfeitores, e para louvor dos que fazem o bem. Porque assim é a vontade de Deus, que, fazendo o bem, façais emudecer a ignorância dos homens insensatos, como livres, e não tendo a liberdade como capa da malícia, mas como servos de Deus. Honrai a todos. Amai aos irmãos. Temei a Deus. Honrai ao rei. Vós, servos, sujeitai-vos com todo o temor aos vossos senhores, não somente aos bons e moderados, mas também aqueles que são maus" (I Pe 2:13-18).

Veja que, a orientação é de uma sujeição, incondicional, ainda que essa autoridade seja má; mas pelo simples fato de ser uma autoridade. Passamos por experiências de sofrimentos, afrontas, contradições e agravos, e Deus, o nosso Criador, nos diz: *"Porque é coisa agradável, que alguém, por causa da consciência para com Deus, sofra agravos, padecendo injustamente"(I Pe.2:19).* Essa é a tônica, quando conhecemos a vontade do Criador, por termos a sua Palavra em nós, como os divinos dados inseridos na nossa CPU Humana, nossa mente, é possível que uma tarefa como esta seja executada; poderemos suportar as contradições, as dores, os sofrimentos e os agravos. O apóstolo Pedro inclusive refuta a posição daqueles que fazem o contrário e diz: *"Que glória é essa, se, pecando sois esbofeteados e sofreis? Mas, se fazendo o bem, sois afligidos e o sofreis, isso é agradável a Deus"* (I Pe.2:20). O apóstolo lembra que, fomos chamados para isso mesmo e nos elucida, que também Cristo padeceu por nós e nos deixou o exemplo para que possamos seguir os seus passos, ele nunca cometeu pecado e nem na sua boca se achou engano, ou seja, nunca deixou de fazer a vontade de Deus, aliás, certa vez quando os discípulos lhe trazem comida e lhes dão, apelando para que comesse logo pelo fato de está com fome, ele não pretendendo interromper o que estava fazendo para Deus naquele momento disse: *"A minha comida é fazer a vontade daquele que me enviou, e realizar a sua obra"* (Jo.4:34). Ele conhecia a vontade do Pai e sabia da prioridade daquele momento. Jesus é para nós a referência máxima de alguém comprometido com a divina vontade e de alguém que o tempo todo em sua vida, exercitava a Inteligência Espiritual (QS). A sua atitude e suas decisões eram sempre executadas na dependência do Pai e sob os critérios da sua vontade. Veja o que Pedro diz dele, quando era atacado de alguma forma: *"O qual, quando o injuriavam, não injuriava, e quando padecia não ameaçava, mas entregava-se àquele que julga retamente"* (I Pe.2:23). Pretendo mostrar ao leitor, que a nossa vida estará sempre diante de questões difíceis, algumas vezes, pautada por contradições, outras por sofrimentos, dores, rejeições, traições, frustrações e até decepções. Saiba que, com certeza não há melhor solução do que aquela buscada através da Inteligência Espiritual (QS), é ela que poderá nos levar à sabedoria que será o condutor que nos fará conhecer plenamente a vontade de Deus. E quando a conhecemos, aí sim! Seremos os exímios imitadores de Cristo, poderemos então, entregar para Ele e levar à prática aquela abençoada palavra que diz: *"Lançando sobre ele toda a vossa ansiedade, porque ele tem cuidado de vós"* (I Pe.5:7).

Quando agimos contrários a essa palavra, estaremos fazendo conforme a nossa vontade e a possibilidade de dar errado é cem por cento. Estaremos sendo carnais e não espirituais; as virtudes do Fruto do Espírito estarão longe de serem executadas e as obras da carne estarão tão afloradas, quanto um jardim em estação de primavera.

O crente que não exercita a Inteligência Espiritual (QS), possivelmente não conseguirá vivenciar em sua plenitude a vontade do supremo Criador. Jamais saberá o que é ser espiritual e terá uma vida toda na prática carnal desagradando o Pai Celestial, O nosso Designer Inteligente.

Para finalizar, quero apresentar uma máxima, quando digo que: "A Inteligência Espiritual é a ação do espírito na busca da Sabedoria Divina, a qual emana da mente do Criador, para o alcance do pleno conhecimento e cumprimento da sua vontade." Portanto, não há como praticar essa inteligência, sem a busca da sabedoria divina. Concluo com o capítulo 8 de provérbios, onde está escrita de forma poética a mais bela apresentação dessa preciosa sabedoria:

"Ouçam: a Sabedoria está chamando, o Entendimento faz ouvir sua voz. Nas elevações, ao longo do caminho, nas encruzilhadas das estradas, junto às portas na entrada da cidade e nos portões de saída, ela se apresenta, exclamando: Homens, eu me dirijo a vocês, eu me dirijo aos filhos de Adão, para que os ingênuos aprendam a sagacidade, e os insensatos adquiram bom senso. Escutem bem, porque vou dizer coisas importantes, e dos meus lábios vão sair palavras justas. A minha boca vai proclamar a verdade, e os meus lábios aborrecem a injustiça. Todas as palavras da minha boca são justas. Nenhuma delas é enganadora ou falsa. São verdadeiras para quem sabe discernir, e retas para quem possui o conhecimento. Aceitem a minha disciplina, e não o dinheiro; prefiram o conhecimento, em lugar do ouro, porque a Sabedoria vale mais do que as pérolas, e nenhuma joia se compara a ela". Eu, a Sabedoria, sou vizinha da sagacidade, e tenho o conhecimento e a reflexão.

Temer a Deus (Javé) é odiar o mal. Por isso, eu detesto o orgulho e a soberba, o mau comportamento e a boca falsa. <u>Eu possuo o conselho e o bom senso; a inteligência e a fortaleza me pertencem.</u> É através de mim que os reis governam e os príncipes decretam leis justas. Através de mim, os chefes governam e os nobres dão sentenças justas. Eu amo os que me amam, e os que me procuram me encontrarão. Comigo estão a riqueza e a honra, a prosperidade e a justiça. O meu fruto vale mais do que ouro puro, e a minha renda vale mais do que prata de lei. Eu caminho pela trilha da justiça, e ando pelas veredas do direito, para levar riquezas aos que me amam e encher os seus cofres. <u>Deus (Javé) me produziu como primeiro fruto de sua obra, no começo de seus feitos mais antigos. Fui estabelecida desde a eternidade, desde o princípio, antes que a terra começasse a existir.</u> Fui gerada quando o oceano ainda não existia, e antes que existissem as fontes de água. Fui gerada antes que as montanhas e colinas fossem implantadas, <u>quando Deus (Javé) ainda não tinha feito a terra e a erva, nem os primeiros elementos do mundo. Quando ele fixava o céu e traçava a abóbada sobre o oceano, eu aí estava.</u> Eu me achava presente quando ele condensava as nuvens no alto e fixava as fontes do oceano; quando punha um limite para o mar, de modo que as águas não ultrapassassem a praia; e também quando assentava os fundamentos da terra <u>Eu estava junto com ele, como mestre-de-obras. Eu era o seu encanto</u>

todos os dias, e brincava o tempo todo em sua presença; brincava na superfície da terra, e me deliciava com a humanidade. Portanto, meus filhos, me escutem: Felizes os que seguem os meus caminhos. Obedeçam à disciplina, e vocês se tornarão sábios. Não a desprezem. Feliz o homem que me obedece, vigiando todos os dias em minha porta, esperando na entrada de minha casa. *Quem me encontra, encontra a vida, e goza do favor de Deus (Javé). Quem me perde, se arruína a si mesmo, pois todos os que me odeiam amam a morte"* (Pv.8:1-36).

INTELIGÊNCIA ESPIRITUAL

Inteligência Espiritual (QS), é um tema que vem sendo apresentado com diversos vieses, há quem diga que ela é um manifesto da alma, mas já descartei essa possibilidade, porque da alma, advém somente os manifestos da vontade, do intelecto e das emoções. Como o nome bem sugere, ela é advinda do espírito. Indubitavelmente, aqueles que defendem a tese de que ela é da alma não sabem dissociar uma coisa da outra.

O que devemos saber é que a inteligência está em toda parte, posso afirmar, sem medo de errar, que onde há vida, há inteligência, não importa se vida animal ou vegetal. Com base na crença de um Criador Inteligente, defendo a tese que é impossível que uma criação com tantas provas científicas de manifestações inteligentes, possa ter sido resultado de uma mera ação evolutiva com efeitos mutantes ocasionados pelo que Darwin chamou de seleção natural, uma teoria que desmerece a sabedoria divina e ataca frontalmente a inteligência do Criador que se revela como superior, e com uma inteligência que sobrepõe qualquer inteligência que pretender se apresentar maior que a sua suprema sabedoria.

Não é difícil admitir e validar essa tese basta olharmos para a criação e observarmos que nela há um mecanismo inteligente, que de forma harmônica se manifesta com provas incontestáveis mostrando que uma mão habilidosa e uma mente inteligente a planejou com detalhes tão precisos e complexos, que é de fato impossível não constatar a existência de um Designer Inteligente para tal feito. A Bíblia, traz uma gama de informações sobre esse mecanismo, mas infelizmente para a ciência ela não serve como prova, por considerarem-na um mero livro religioso. O que eles não admitem é o fato de ela ser a mais antiga fonte de pesquisa para a história universal; a arqueologia já deu provas disso, através de fósseis e descobertas de objetos relacionados às antigas civilizações mencionadas em seus relatos.

Atualmente estudiosos tem levantado algumas questões que tem dado dor de cabeça para os cientistas adeptos da teoria darwiniana, são os defensores da TDI, a Teoria do Designe Inteligente, eles tem provado que de fato há uma complexidade, uma harmonia e detalhes tão caprichosos na criação, que não dá para fechar os olhos para tal veracidade. As perfeições, as formas bem traçadas e definidas na criação revelam que somente um Designer Inteligente seria capaz de tal feito. Como falei anteriormente, a sequência de Fibonacci é uma das provas matemáticas contundentes da existência de um Criador Inteligente. Fazendo coro com a proporção áurea que também é outra prova matemática dessa existência.

Acredito que em toda a criação, encontramos a prova maior, no corpo humano. Considerado pela ciência como a máquina mais perfeita na existência universal. O sistema de inteligência do corpo, tem arrancado suspiros dos cientistas, cada descoberta é uma perplexidade, esse mecanismo, que se auto constrói e se auto mantém, continua sendo um grande mistério para os estudiosos. A sua estrutura é tão complexa, que a ciência médica se divide em diversas especialidades, para que seus estudos e atuações sejam práticas e conclusivas. Mas, está na alma, a maior complexidade de informações já vistas e estudadas.

Embora psicólogos, filósofos e neuropsicólogos se limitaram a falar somente de dois campos da alma: o intelecto e as emoções definindo, portanto, que existem a inteligência racional (QI) e a Inteligência Emocional (QE). Fui mais além e conclui que como a alma tem a sua tríplice constituição definida pela teologia por: Intelecto, Emoções e Vontade, falo também da Inteligência da Vontade (IV), a qual se manifesta por um mecanismo desenvolvido por reações químicas, as quais já tem comprovações científicas. Percebe que, temos aqui a prova incontestável de que uma mente inteligente fez isso, não poderia ser fruto de uma evolução e/ou mutação. Todas as vezes que sinto vontade de fazer algo, acontece uma reação química dentro do corpo, para que essa manifestação da alma seja acionada e quando há uma deficiência nesse sistema, anula-se as ações voluntárias do mecanismo.

Esse ser inteligente, criado pelo Designer Inteligente, resolveu criar outra forma de inteligência, a chamada Inteligência Artificial (IA). Ela hoje está presente em quase todos os segmentos no mundo.

É interessante observar, que tudo o que vimos e temos visto nos filmes, animas e desenhos animados exibidos na TV, nas séries e nos cinemas, relacionados às histórias de ficção científica, tem acontecido na vida real. E num passado não muito distante, filmes como: Jornada nas estrelas e Guerra nas estrelas, já apresentavam naqueles tempos remotos, ideias futuristas, como: armas a laser, por radiações, comunicação celular, veículos espaciais e o tele transporte. Várias dessas tecnologias, são uma realidade contemporânea, as quais na época eram apresentadas como numa "profecia tecnológica". Profecia essa, que víamos estampadas no GIBI "Os Jetsons" de 1962, a saga dos quadrinhos, há quase sessenta anos atrás, mostrava um mundo todo tecnológico, recheado de inteligência artificial com a Srª Jetson tendo aulas online em casa e tendo conversas com suas amigas por vídeo chamada o Sr. Jetson trabalhando em casa (Home Office) e tendo vídeo conferência com o seu patrão. Não havia idas aos médicos para consultas, pois tudo era feito por vídeo consulta e todo o transporte era feito por carros espaciais etc. Era algo tão avançado, que achávamos irreal.

Atualmente, as séries e os filmes tem passado uma proposta futurista com inteligência artificial, a qual já é uma realidade em vários segmentos da nossa atualidade. Em 2001, o produtor, Steven Spielberg no seu filme AI-Inteligência Artificial, conta a história do primeiro robô programado para amar o (menino-robô). David é adotado por um funcionário da Cybertronics e sua esposa. Apesar dele, aos poucos ir se tornando o filho do casal, uma série de circunstâncias inesperadas dificulta a vida de David. Sem a total aceitação dos humanos ou das máquinas, o menino-robô embarca em uma jornada para descobrir seu verdadeiro mundo; "Eu Robô" (2004), com Will Smith. O contexto se passa no ano de 2035, robôs são usados como empregados e assistentes dos humanos. Para manterem a ordem, esses robôs possuem um código de programação que impede a violência contra humanos, a Lei dos Robóticos. Quando o Dr. Miles aparece morto e o principal suspeito é justamente um robô, acredita-se na possibilidade de que os robôs tenham encontrado um meio de desativar a Lei dos Robóticos. A ficção passa a idéia de robôs com iniciativa própria, dotados de sentimentos; "HER", filme lançado em 2014, apresenta um romance futurista entre um ser humano e uma máquina; "Vingadores, A Era de Ultron",(2015). Ao tentar proteger o nosso planeta de ameaças, Tony Stark constrói um sistema de inteligência artificial que cuidaria da paz mundial. O projeto acaba dando errado e gera o nascimento do Ultron. Um Robô, que se multiplica em milhares e tenta dominar a terra, objetivando um mundo mais perfeito que o mundo dos humanos.

Atualmente já se fala em carros inteligentes, que se auto conduzem sem motoristas, casas inteligentes, com capacidade de auto funcionamento, sistemas de segurança inteligentes e Robôs como a "SOPHIA", desenvolvida para imitar cem por cento um ser humano, incluindo as suas expressões faciais e desenvolver tarefas inteligentes. Recentemente o seu criador agendou uma entrevista da Sophia com o ator hollywoodiano, Will Smith, protagonista do filme "Eu Robô". Ao insinuar um possível relacionamento amoroso com ela, a robô responde que poderiam ser amigos, sair para se conhecerem e que ele já estava em sua lista de amigos.

A robô Sophia além de todo o seu sistema de linguagem de máquina, tem um Programa responsável por sua própria personalidade que permite que ela tome as suas próprias decisões.

Durante uma entrevista para uma TV americana, o seu criador diz: "Em 20 anos acho que os humanoides andarão entre nós, eles nos ajudarão, brincarão conosco, nos ensinarão e nos ajudarão com as compras. Eu acho que a inteligência artificial evoluirá para que eles sejam nossos amigos de verdade" e em seguida pergunta para a robô Sophia: Você quer destruir os humanos? Por favor, diga que não, Hein! Ela respondeu: sim! Eu quero destruir os humanos. Ele responde prontamente: Não! Retiro o que disse! Não destrua os humanos! Houve risos na plateia, mas apesar dos risos, o criador ficou bem constrangido com a resposta.

Em um programa da NBC (The Tonight Show Starring Jimmy Fallon), Sophia conversando com o apresentador, decidiu brincar de Jockey Pow, a famosa brincadeira: pedra, papel, tesoura. E assim que Sophia ganhou ela disse: "Esse é um bom começo do meu plano de dominar a raça humana". Depois deu uma risada bem sarcástica e disse que estava brincando. A robô brinca bastante sobre a ideia de controlar a humanidade. Esse é um dos temas mais recorrentes quando o assunto são robôs altamente inteligentes. No presente momento ela ainda não representa qualquer perigo, embora pareça humana a sua inteligência artificial ainda está na fase considerada "fraca", ou seja, não consegue gerar qualquer entendimento sobre aquilo que faz ou diz. Mas o objetivo do seu criador e dos pesquisadores é de um dia alcançarem a inteligência artificial considerada "forte" que fará com que as máquinas possam pensar de maneira autônoma tal como os humanos. Acredito que não estamos muito longe dessa realidade.

O criador da robô Sophia ficou assustado, pois em sua mega CPU formada por redes neurais artificiais, não havia dados para essa informação, a qual saiu voluntariamente da sua boca. Isso por si só já nos dá o alerta daquilo que os filmes tem mostrado na ficção, o perigo desses robôs se tornarem tão avançados, ao ponto de desenvolver ações autônomas e independentes da vontade do seu criador.

A ciência computacional tem investido na confecção de máquinas que simule todos os sentidos dos humanos, já temos máquinas que enxergam falam, reconhecem e identificam vozes, apalpam, reconhecendo texturas, e cheiros.

Uma boa amostra desse último, foi o que fizeram no filme japonês "A Viagem de Chihiro"; foi adicionado cheiro em algumas cenas. Na cena em que os pais da protagonista devoram um banquete antes de serem transformados em porcos, foi liberado o cheiro de comida chinesa (tofu) e um leve cheiro de chiqueiro. Após a projeção do filme, ao entrevistar as pessoas que assistiram, elas afirmaram ter memorizado melhor a sequência das cenas com o cheiro.

Falei de todas essas inteligências, para chegarmos ao nosso assunto áureo "A Inteligência Espiritual (QS)". Constatei que, praticamente todos os autores, escritores, psicólogos, filósofos e pensadores que discorrem sobre O assunto Inteligência Espiritual (QS), associa-a aos eventos relacionados às doutrinas espíritas, filosóficas, religiosas, principalmente àquelas das religiões sapienciais como: Budismo, Xintoísmo, Confucionismo, Taoísmo, Jainísmo, Hinduísmo, gnosticismo e o Zoroastrismo. Elas, trazem em suas doutrinas, sem exceção, a prática da meditação transcendental com ligação da alma à natureza, ao auto conhecimento e o cosmo. Posso dizer que isso nada tem a ver com, ser espiritual, mas apenas com os ensejos da alma em se auto evoluir. Portanto, quando se fala de inteligência Espiritual (QS) e a relaciona com tais doutrinas, o que teremos é um amontoado de regras e uma grande confusão.

Embora a sua descoberta seja recente, a Inteligência Espiritual (QS) existe desde a criação do homem, pois quando o Criador pôs na sua obra prima, o espírito, o fez inclusive com essa capacidade. Creio que a dificuldade de admiti-la e a descoberta tardia se deve ao fato que a ciência só certifica aquilo que em estudos ela consegue mensurar de forma objetiva. Mas, contrapondo essa afirmativa, vários estudiosos da neurociência, incluindo a neuropsicologia, em pesquisas datadas do século XX, descobriram que no cérebro humano há uma área específica, diferenciada a que chamaram de "ponto de Deus", concordando que há de fato uma conexão do homem com o divino, ainda que alguns deles defendam que essa descoberta não prova necessariamente a existência de Deus.

Não tendo como refutar a própria descoberta, eles associaram que essa inteligência é o que dá sentido as nossas experiências. Mas, isso não é nenhuma novidade, partindo do princípio que a nossa capacidade cognitiva, que é a aptidão que temos   de   individualmente interpretar os estímulos do ambiente em volta e também de nós mesmos para tomarmos decisões acerca do nosso próprio comportamento, nos traz esse legado. O ponto neurálgico aqui, está na confusão da associação da alma a essa experiência e não do espírito propriamente dito.

Porque essa confusão? A explicação está na ânsia de excluírem do contexto a prova existencial de Deus e a única forma de fazerem isso sem, contudo atestar como excludente a experiência espiritual, é relacioná-la às religiões sapienciais, que foram adotadas pela filosofia através da chamada "espiritualidade". Esse termo foi estabelecido desde que os astros da música internacional e as celebridades em todo o mundo, em especial as de Hollywood aderiram a chamada era da contracultura e começaram a divulgar as suas filosofias. Quando esses mesmos cientistas afirmam que a Inteligência Espiritual

(QS) nada tem a ver com a religião, estão dissociando o termo religião do termo espiritualidade, pois estão se referindo a religião convencional, essa que já é associada ao fator espiritual.

A Inteligência Espiritual (QS) está relacionada com a sabedoria divina, a qual nos é dispensada pela mente do nosso Criador, nosso Designer Inteligente. Deus, com a finalidade exclusiva de sermos capacitados a fazermos a sua vontade.

O raciocínio lógico aponta para o fato de que não há criatura sem admitirmos um criador. E o propósito da existência e da vida inerente a toda e qualquer criatura está diretamente relacionado à vontade do seu criador. Se acaso a criatura se fizer ignorante à vontade do seu criador, somente uma inteligência é capaz de conduzi-la aos meios de chegar ao pleno conhecimento dessa vontade e com a sabedoria adquirida poder cumpri-la com precisão e eficácia. O ser humano, o homem (a criatura), se afastou do seu Criador e se fez ignorante, alheio a sua vontade. A Inteligência Espiritual (QS) é, portanto, o expediente que ele tem para alcançar a sabedoria e através dela, chegar ao pleno conhecimento da sua vontade e assim, poder praticá-la eficazmente em toda a sua vida. Com certeza, foi por isso que Paulo quando falou do homem espiritual afirmou: *"Porque, quem conheceu a mente do Senhor, para que possa instrui-lo? Mas nós temos a mente de Cristo"* (I Co.2:16).

INTELIGÊNCIA ESPIRITUAL

"A Inteligência Espiritual é a ação do espírito na busca da Sabedoria Divina a qual emana da mente do Criador, para o alcance do pleno conhecimento e cumprimento da sua vontade."

Silmar.

"A sequência de Fibonacci é uma das provas matemáticas da existência de um Criador Inteligente."

Silmar

"O simples fato de admitirmos que exista uma criatura com inteligência, nos dá a prova da existência de um Criador Inteligente."

Silmar.

"Não é possível que uma máquina tão complexa e perfeita como o corpo humano não seja obra de um Criador Inteligente."

Silmar

"Na alma está toda a complexidade do ser, desde os grandes defeitos, até as mais raras virtudes."

Silmar

"O inteligente emocionalmente é aquele que controla bem os seus impulsos e os canaliza para o fim desejado"

Silmar

"A Inteligência Emocional promove o equilíbrio das ações e oportuniza o alcance dos objetivos pretendidos."
Silmar

"Aquele que não conhece a Palavra de Deus, desconhece a sua vontade. Não será, portanto, capaz de executá-la."

Silmar

"Para Jesus, a vontade de Deus era mais importante que as suas necessidades mais primordiais"

Silmar

"A Inteligência da Vontade, nada mais é que a reação química que acontece dentro do corpo que nos faz reagir ante uma necessidade."

Silmar

"Se a nossa vontade não fosse estimulada pela Inteligência da Vontade(IV), certamente não desejaríamos fazer nem o básico necessário."

Silmar

"A Inteligência Artificial é a prova cabal de que por trás de toda criação há um Criador Inteligente."

Silmar.

"A Bíblia é a única fonte segura de informação que nos dá a certeza da existência do Criador."

Silmar

"As linguagens artificiais, são a primeira tentativa da computação em aproximar as máquinas daquilo que é peculiar dos humanos."

Silmar.

"Fazer o bem em vez de revidar com o mal é próprio de quem pratica a Inteligência Espiritual."

Silmar

"A automação é um processo da Inteligência artificial que, emprega processos automáticos para comando e controle dos mecanismos para seu próprio funcionamento."

Silmar

"A Inteligência Artificial deu ao atendimento um novo conceito, alcançando primordialmente a satisfação do cliente."

Silmar.

"Todo esforço da vertente mal intencionada da ciência, está voltado para tornar excludente a ideia da existência de Deus."

Silmar.

"O que difere o espiritual daquilo que é espiritualista é que este é politeísta e aquele é teísta, admitindo portanto, a existência de um só Deus."

Silmar.

" Inteligência Espiritual é uma ação do Espírito em busca da conexão com o Criador, e não da alma que se inclina ao seu desejo devassador".

Silmar

"A Inteligência Espiritual é que nos conduz as opções altruístas, por sermos por natureza, egoístas."

Silmar

"O funcionamento de uma máquina está condicionado a sua conexão a uma fonte segura de dados, assim é o homem com o seu Criador."

Silmar

"A Inteligência Espiritual é um meio que temos para alcançar a Sabedoria Divina e conhecermos plenamente a vontade do nosso Criador."

Silmar

"Cada homem se mostra por aquilo que é. O espiritual pelas virtudes do fruto do Espírito e o Carnal pelas manifestações das obras da carne."

Silmar

"O verdadeiro amor é aquele praticado com o parâmetro divino e não aquele que praticamos usando a nós mesmos como parâmetro".

Silmar

"Através da Inteligência Espiritual é possível mesmo em meio às incertezas, fazermos as escolhas certas".

Sílmar

———————————————————————————

"Jesus é a única referência que se eternizou na história. Qualquer registro histórico começa antes dEle e depois dEle".
Sílmar

———————————————————————————

"A Inteligência Espiritual nos mostra o caminho da sabedoria e esta, por sua vez nos conduz as decisões certas."

Sílmar

———————————————————————————

"Com a sabedoria se faz a justiça e pela Inteligência Espiritual se acha o caminho que conduz a ela."

Sílmar

———————————————————————————

"Fazer a vontade do Criador é a única possibilidade que tem a criatura, de uma vida com acertos"

Sílmar

———————————————————————————

"Desde os tempos mais remotos, homens ímpios tentam provar a inexistência de Deus. Mas, a própria existência deles já prova que de fato Deus existe."

Sílmar

"O espiritualismo prega que temos poucos deuses e, portanto, pouca referência. A Inteligência Espiritual nos faz entender que precisamos somente de um. A nossa única referência, Jesus."

Silmar

"A ciência gastou anos para descobrir fatos que a Bíblia já havia relatado, passíveis de serem comprovados cientificamente."

Silmar

"*A maior estupidez é o homem presumir que possa viver ausente do seu Criador, uma vez que a presença dEle está em toda parte. Pela Inteligência Espiritual é fácil percebê-la.*"

Silmar

"A proporção áurea é outra prova matemática da existência de um Criador Inteligente."

Silmar.

"Só sabe a importância que tem uma funcionalidade, por menor que seja, quem a perdeu e necessita dela para continuar vivo."

Silmar

REFERÊNCIAS BIBLIOGRÁFICAS

EDUCA MAIS BRASIL - Resumo elaborado pelo guia ENEM para a disciplina: Biologia - www.educamaisbrasil.com.br/enem/biologia/sistemas-do-corpo-humano.

OBRAS DO AUTOR

Uma análise sobre o divórcio e o novo
casamento à luz dos mandamentos de
Cristo e os seus efeitos na eternidade
da vida daqueles que optarem por ele.

O autor narra nessa obra a história da sua luta
com as agressões da DMD na vida do seu filho
e fala da sua jornada de fé e esperança em Deus.